AF346993

DES INTÉRÊTS

DES

PUISSANCES CONTINENTALES,

RELATIVEMENT

A L'ANGLETERRE.

Par CHARLES THEREMIN, Citoyen Français.

A PARIS.

DE L'IMPRIMERIE DE LA RUE DE VERNEUIL, N°. 433,

Et se trouve

Chez { LOUVET, et DESENNE. } *Palais Égalité*

L'AN III DE LA REPUBLIQUE FRANÇAISE.

ERRATA.

PAGE 5, ligne 9, formée, *lisez*, formé.

Page 10, ligne 20, outre l'attrait qu'il a, *lisez*, outre l'attrait qu'il y a.

Page 44, lig. dernière, étonne, *lisez*, tonne.

Page 45, lig. 4, châtie toutes les nations, *lisez*, châtie les nations.

Page 59, lig. 16, j'observe qu'il arrive toujours, *lisez*, j'observe qu'il arrive presque toujours.

Idem. lig. 27, Petse, *lisez*, Perse.

Idem. lignes 29 et 30, la république la plus ancienne de Carthage, *lisez*, la république plus ancienne de Carthage.

Page 66, lig. 29, et la docilité, *lisez*, et sa docilité.

Page 69, ligne 20, et il est peut-être, *lisez*, et il peut être.

Page 72, lignes 27 et 28, l'éloge contraire appartient aussi, *lisez*, l'éloge contraire lui appartient aussi.

E R R A T A.

Page 75, lig. avant-dernière de la *Note*, les principes qui sont les choses, *lisez*, les principes qui sont dans les choses.

Pag. 80, lig. 25, et à s'élever, *lisez*, et s'élever.

Page 87, lig. 4, entreprendre et continuer, *lisez*, entreprendre ou continuer.

Page 99, lig. 24, est le seul coupable, *lisez*, est seul coupable.

DES INTÉRÊTS

DES

PUISSANCES CONTINENTALES

RELATIVEMENT

A L'ANGLETERRE.

Je me propose de prouver deux choses dans le présent écrit : premièrement, que la puissance de la Grande-Bretagne est par sa nature hostile envers toutes les puissances du continent ; et de montrer en second lieu combien la coalition des puissances Européennes contre la France est impolitique et contraire à leurs intérêts ; puisqu'elle tend à affoiblir la seule d'entr'elles qui puisse ba-

A

lancer l'influence politique et commerciale de l'Angleterre, et délivrer un jour l'Europe de la sujettion où elle la tient. Quand je parle ainsi, ce n'est pas que je pense que la France soit à la veille d'être ruinée par la ligue que le cabinet de Londres a formée contr'elle; bien loin de là, cette lutte ne fait que de lui donner de nouvelles forces ; mais, en attendant, les florissans empires du continent sont dévastés pour l'intérêt d'une seule puissance qui n'appartient pas à ce continent. L'Europe armée par l'Angleterre contre'elle-même, déchire son propre sein, et quelque parti qui remporte la victoire, l'Angleterre en trouvera toujours une dans l'affoiblissement général des puissances Continentales.

Après trois campagnes sanglantes, et maintenant qu'une grande partie de la jeunesse Européenne a péri par le fer ou par les maladies, que les coffres des souverains sont épuisées, les campagnes laissées sans culture, les villes sans commerce et les manufactures sans ouvriers et sans capitaux; l'Europe, comme un corps affoibli par tant de pertes, cherche le repos; c'est envain, l'Angleterre parle, et le combat se renouvelle; son intérêt est de continuer la guerre, et elle envoye, avec une lettre de change, l'ordre de remplir l'Europe de carnage pendant une autre année.

(3)

Ce qui m'étonne, ce n'est point que l'Angleterre veuille poursuivre la guerre; elle sait qu'il s'agit ici de sa ruine; que la République de France s'établissant à côté d'elle, et la communication étant ouverte entre les deux pays, sa constitution périt inévitablement : pour la conserver elle risque son existence politique, que la France amie ou ennemie menace également de loin ; elle sait que le tems est psssé où elle pouvoit s'honorer de rivaliser avec cette dernière ; que celle-ci dans la paix l'engloutira, et dans la guerre l'écrasera ; elle sait de plus que dans le cas même où elle voudroit fermer les yeux sur sa situation et demander la paix , elle n'a point de paix à attendre ; comme un gladiateur dans l'arene vis-à-vis du terrible lion , et condamné à vaincre ou à périr, elle doit mourir en combattant ; l'inutilité de la fuite lui inspire le courage de la résistance. Mais ce qui doit étonner avec plus de raison, c'est qu'elle ait réussi à intéresser encore à une cause qui est devenue uniquement la sienne, les puissances épuisées du Continent; c'est qu'elle ait encore trouvé des dupes, et que la paix , qui est l'intérêt de tous, soit rejettée parce qu'elle n'est pas le sien. Les armées disciplinées du Continent sont-elles donc des Marattes, et l'Europe n'est-elle , comme les Indes Orientales , que le théâtre de la puissance Anglaise, et ses peuples les instrumens de son ambition ?

Les liaisons entre l'Angleterre et la Prusse paroissent rompues sans retour, évènement dont il faut féliciter cette dernière ; mais pour un allié qui l'abandonne et renonce à servir ses projets, le cabinet de Saint-James en trouve deux autres, et cela dans un moment où les affaires sont plus désespérées que jamais : tant est grande l'influence qu'à l'argent dans les cabinets Européens !

Si l'on nous disoit que dans quelqu'autre partie du monde, une petite isle sans force intérieure, souvent envahie, habitée par un peuple peu nombreux, domine seule sur la mer, et tient dans sa dépendance les nations nombreuses, guerrières et commerçantes d'un immense continent, quelle idée aurions-nous de ces dernières ? si l'on ajoutoit qu'avec l'argent qu'elle tire de ce même Continent par son commerce, elle soudoye les uns, écrase les autres, et règne sur tous ; que cette même nation insulaire, féroce par caractère et aimant le sang, entretient pour son utilité des guerres continuelles entre les peuples belliqueux du Continent, afin qu'ils ayent toujours besoin d'elle, et que sa puissance et sa splendeur soient toujours fondées sur la foiblesse et la désunion de ses voisins ; ne nous écrierions-nous pas ? Périsse l'Etat qui vit du sang des nations et dont la

vaine prospérité est achetée par le carnage
des peuples ! Certes, les Chinois sont plus
sages que nous, ils tiennent dans l'humilia-
tion les féroces Japonois leurs voisins, tandis que d'autres Japonois dominent dans
l'Europe divisee, et ont des rois et des nations
entières pour esclaves.

Il n'est malheureusement que trop vrai,
l'Angleterre s'est formée une monarchie politique et commerciale en Europe comme
elle en a une aux Indes ; et loin que tant
de puissance l'embarasse, elle tire de l'une
des ressources pour assurer l'autre, et balance
dans sa main les deux continens comme
deux jouets. Elle a le plaisir de régner sur
ses ennemis, ou sur ceux qui, dès que le
secret de leur force ne leur seroit plus caché,
pourroient devenir ses plus terribles ennemis,
et la faire rentrer dans la situation subalterne
qui lui convient : pour régner sur eux, elle
les divise.

Les Anglais regardent communément la
dette de l'État et les alliances Continentales
comme deux malédictions qui leur ont été
laissées en héritage par Guillaume III ; ils
envisagent les liaisons politiques qu'ils ont
avec le Continent comme n'étant utiles qu'à
ce dernier, et pernicieuses à eux - mêmes,
ils regrettent la perte de leurs trésors qui
vont se répandre en Allemagne pour n'a-
cheter que des hommes, et regardent une

bataille gagnée comme une spéculation qui après tout est assez chere : l'Angleterre , disent-ils , a seule cet avantage qu'elle peut subsister sans alliés , elle atteindroit sa plus grande prospérité et sa plus grande splendeur, alors qu'indépendantes de toutes les nations , elle ne s'occuperoit que d'étendre son commerce et de mettre ses flottes sur un pied formidable ; c'est le funeste intérêt qu'elle prend aux affaires du Continent , les amis nécessiteux qu'elle y a , qui la ruinent et l'empêchent de parvenir à la grandeur que sa situation insulaire et l'industrie de ses habitans lui promettent.

C'est-là la doctrine exotique et commune à qui on laisse la vogue qu'elle a , parce qu'elle nourrit dans la nation l'esprit de fierté et le dédain dont elle honore les autres peuples ; mais de même que les Religions ont toutes une doctrine vulgaire , faite pour la multitude , et des mystères réservés aux seuls initiés , la politique Anglaise a , outre la doctrine que je viens d'exposer , des mystères connus seul du cabinet. Ce sont des mystères d'iniquité.

La première de ces doctrines est prêchée par les membres de l'opposition tant qu'ils sont hors de place ; mais dès qu'ils entrent dans le cabinet ils changent d'opinion et deviennent alors aussi guerriers qu'ils étoient pacifiques auparavant. Je sais bien que dans un pays où tout est à vendre, l'opinion des hommes d'Etat est avant tout une mar-- chandise qui a son prix, et que le nouveau ministre n'est entré dans le cabinet que pour complaire au dispensateur des places. Mais indépendamment de cette versatilité et de cette vénalité d'opinion qui le fait l'esclave du maître qui l'emploie, on lui explique alors le *grand secret-d'état de l'Angleterre*, et il agiroit sur de nouveaux principes, même sans qu'on le payât.

La puissance de l'Angleterre est artificielle ; elle n'a point, comme les grands Etats du Continent, un vaste territoire et une nombreuse population: Elle subsiste plus par la foiblesse des puissances Continentales, que par sa propre force, et ne peut continuer le rôle forcé qu'elle joue sans chercher continuellement à les affoiblir. Comme elle ne peut les affoiblir par sa propre force, il faut qu'elle cherche à les affoiblir l'une par l'autre, c. à d. par leurs forces. L'argent qu'elle possède, et l'esprit naturellement turbulent et belliqueux des peuples d'Europe favorisent ses projets et lui fournissent les moyens de les exécuter. De cette-manière elle met le Continent en feu, et reste par sa situation insulaire à l'abri de l'incendie qu'elle a causé. La paix dans le Continent est une calamité pour elle, la guerre dans le Continent est l'aliment de sa prospérité.

On ne peut espérer de voir une paix cons-
tante établie entre les puissances de l'Europe
par un consentement commun entr'elles, par
des raisons qu'il ne s'agit pas ici d'examiner;
mais il ne sauroit être nié que le corps politique Européen peut approcher plus ou
moins d'une situation pacifique permanente.
Cet effet peut être produit par l'influence
de diverses causes; tel est le but de l'équilibre de l'Europe qui a été tantôt mieux
tantôt moins bien observé : outre cela il semble que la marche naturelle des affaires y
conduise peu-à-peu : la diversité des intérêts
a nécessité des guerres, la fréquence des
guerres a nécessité des armées permanentes;
or les armées permanentes causent une si
forte dépense en tems de paix qu'il ne reste
plus de moyens aux souverains de faire long-
tems la guerre : c'est ainsi qu'il se trouve vrai
dans un autre sens que les moyens de la
guerre ou la préparation à la guerre font
naître la paix.

Mais indépendamment de tout cela, l'Europe a joui de plusieurs intervalles de paix
plus ou moins longs ; qui disputera que ces
intervalles ne puissent être rendus plus longs
encore, qui disputera qu'on n'y ait travaillé,
et même avec succès ? Je soutiens que sous
ce point de vue le pacte-de-famille étoit une
sage mesure.

Les sociétés Européennes vivent entr'elles

dans l'état de nature ; il doit arriver delà
que les Etats les plus puissans ont seuls
intérêt à la paix, car par la guerre ils crai-
gnent bien plus de perdre, qu'ils n'espèrent
ou ne désirent de gagner ; les petits Etats,
au contraire, ont l'espérance de s'agrandir
aux dépens des autres, et l'expérience prouve
que jouant toujours le tout pour le tout, la
chance leur est plus favorable qu'aux grands ;
c'est ainsi que la Prusse, la Sardaigne, la
Hollande sont devenues des puissances de
provinces qu'elles étoient ; leur bravoure,
la fortune, quelquefois le désespoir les ont
élevées, et les grandes puissances ont contribué à les former et à les arrondir. S'il
étoit possible de faire entrer les sociétés
politiques, comme les individus de chacune
de ces sociétés, sous le droit positif, et que
chaque société individuelle au lieu d'être une
souveraine indépendante devint, pour ainsi
parler, citoyenne d'un grand corps politique
et vécut sous les loix du droit des gens,
rendues positives et accompagnées de
moyens de coërcion ; dans ce cas-là le contraire arriveroit : les petits Etats dont l'indépendance seroit protégée s'attacheroient pré-
férablement à la paix et éviteroient la guerre
où ils ne pourroient jamais que perdre ; ils
suivroient une conduite toute opposée
de celles qu'ils suivroient dans le premier
cas, parce qu'étant sûrs de leur existence,

la conservation de celle-ci deviendroit le but de tous leurs désirs ; au lieu que dans le premier cas, n'étant pas sûrs de leur existence, il falloit songer, non à se conserver, ce qui étoit impossible ; mais à s'agrandir ou à s'anéantir, et conséquemment à courir sans cesse la fortune de la guerre ; dans le premier cas le désespoir leur fournit des armes et les rend terribles, même aux plus puissans ; dans le second cas la confiance dans les loix générales, et la sûreté où ils se trouvent, les amolit et leur fait perdre leur énergie. Dans cette hypothèse, dans laquelle la tranquilité des petits États seroit assurée, les grandes puissances seroient plus entreprenantes ; car ayant leurs anciennes possessions garanties par les loix générales, elles pourroient employer toutes leurs forces, non à défendre ce qu'elles possèdent, mais à faire de nouvelles acquisitions ; outre l'attrait qu'il a à enfeindre une loi, et à se mettre au-dessus d'elle, les forces surabondantes seroient obligées de déborder quelque part.

Mais dans l'état présent des choses, où les grandes puissances ne doivent songer qu'à conserver ce qu'elles ont, et employer leurs forces plus pour la défense que pour l'attaque, ce sont elles qui ont le plus d'intérêt à la paix : étant suffisamment arrondies elles ne voyent dans les guerres que des pertes à essuyer, au lieu que la paix, en assurant

pour le présent la possession des conquêtes
qu'elles ont antérieurement faites, leur en sanc-
tionne encore la possession pour l'avenir par
une espèce de droit de prescription, et en
ensevelissant dans l'oubli les titres des anciens
possesseurs. Tel étant absolument le cas de la
France et de l'Espagne, je ne doute pas que
ce ne fut là l'objet principal du pacte de
famille ; il garantissoit ainsi les possessions
de chaque partie contractante contre les attaques des autres parties contractantes par la
force du traité même, et contre celles des
puissances hors du traité par les forces réunies
des parties alliées. Ce pacte enté sur la paix
de Vienne de 1756 sembloit assurer une longue
paix aux puissances de l'Europe les plus riches en territoire, et par-là à toute l'Europe
même.

Je demanderai ici la permission de faire
une digression d'autant moins inutile qu'elle
explique un principe auquel il semble que
les politiques modernes n'ayent pas fait assez
d'attention. La paix est un fruit de la civilisation comme la guerre est le propre des bar-
bares ; plus la civilisation sera grande, plus
la paix sera durable. Or plus un État est grand
plus il est civilisé, il l'est nécessairement
plus que lorsqu'il étoit petit, parce que l'administration d'un grand Empire demande
plus de lumières que celle d'un Empire réduit, et parce que là où il y a un plus grand

nombre d'hommes rassemblés , il y a un plus grand frottement d'idées. Par cette raison l'agrandissement territorial d'une puissance Continentale ne doit point paroître contraire à la civilisation générale de ce Continent , et ne présente point le danger que présenteroit l'influence prépondérante d'une puissance étrangère et isolée qui , par sa situation , ne pourroit avoir aucun intérêt commun avec ce Continent , et en seroit plutôt l'ennemie. Il semble même que la nature des choses conduise à cette conglomeration d'États déjà civilisés ; c'est le progrès naturel de la civilisation. C'est par-là que la Chine , où la civilisation est beaucoup plus ancienne qu'en Europe , quoiqu'elle soit inférieure , est devenue un Empire aussi gigantesque ; par la suite du tems les provinces ont été conquises, ou se sont volontairement réunies sous un gouvernement comparativement meilleur que celui sous lequel elles vivoient. Cet Empire compte maintenant un population de 330 millions d'hommes, qui est plus du double de celle de toute l'Europe. Cela n'est point beau dans le sens d'un conquérant ambitieux , en ce que 330 millions d'hommes obéissent à un seul homme ; mais cela est beau dans le sens du philosophe politique , en ce que 330 millions d'hommes obéissent aux mêmes loix et ont des intérêts communs. La foiblesse de l'Allemagne.

vient de ce que les Cattes, les Bructeres, les Cherusques, les Vangions, les Sueves et les Ubiens sont encore de nos jours des peuples différens, séparés d'intérêt, comme autrefois, presqu'étrangers l'un à l'autre; tandis que les Sequanois, les Narbonnois, les Eduens, les Senons, les Cadurces et les Voconces, se sont réunis et ont fondé un Empire qui a donné depuis long-temps au monde l'exemple d'une civilisation supérieure. Et jamais les Gaules, où dans aucun tems on n'a craint de mourir pour la liberté, (1) ne se sont montrées avec plus d'éclat que depuis qu'elles sont réunies, puisque l'Europe entière n'a pû faire aujourd'hui ce que fit autrefois un seul homme Romain; bien qu'alors aussi elles se défendirent généreusement, témoin le massacre de Bourges, le siège d'Alise et le discours de Critognat. La culture de l'homme est le contraire de celle de la terre, celle-ci produit d'avantage quand elle est cultivée par petites portions, l'homme, au contraire, réussit mieux quand il est cultivé, pour ainsi dire, par de grands rassemblemens. Je ne veux point dire par-là que toutes les grandes nations sont par le fait plus heureuses que les

---

(1) Non paventis funera Galliæ.

petits peuples ; mais seulement qu'elles ont plus de moyens de l'être.

Il peut être prouvé par un calcul raisonné que plus les États seront étendus, plus les guerres seront rares : elles seront en raison inverse de la grandeur des Empires. Les petits États, par les raisons déja dites, et parce que leur gouvernement est naturellement plus turbulent, aiment la guerre et en ont besoin ; S'ils sont réunis en un seul État, voilà autant de guerres de moins. Je suppose l'Europe divisée en vingt États qui se font la guerre tantôt l'un contre l'autre, tantôt plusieurs contre un ou contre plusieurs, de manière qu'il n'y a presque pas un intervalle de paix générale, supposition qui n'est pas très-éloignée de la vérité ; il doit exister nécessairement entre vingt États plus de sujets de guerre, que si le Continent étoit composé de deux ou trois grands Empires qui se balanceroient mutuellement, Joint à cela que les calamités de la guerre se font bien plus sentir dans les petits États où il n'existe pas les grands moyens de défense que fournit une nombreuse population, le pays étant réduit est plus aisément parcouru et pillé, de manière que non-seulement les soldats périssent mais aussi les citoyens ; entre de grands États la guerre se fait avec plus de générosité et moins de barbarie ; les loix de

La guerre sont plus respectées, ce qui suppose une civilisation, suite d'un grand Empire. Outre cela, vingt Etats peuvent être toujours en guerre sans qu'il existe un intervalle de paix, au lieu que deux grands Etats ne peuvent être toujours en guerre, il leur faut, étant seuls combattants, des intervalles de repos; de cette manière, quoique les grands Etats amènent sur-le-champ de bataille de plus grosses armées, il y a moins de sang répandu dans leurs querelles, que par le carnage perpétuel dans les petits Etats; une bataille rangée entre deux grandes armées décide du sort d'une campagne chez les grandes nations; chez les petites on tue les hommes en détail, sans besoin, sans utilité et seulement par haine comme dans les guerres civiles. Enfin dans les grands Etats fondés sur une grande civilisation, on sent plus l'absurdité de la guerre et le besoin des arts de la paix, les passions ne sont pas si irritables, et on évite plus de s'y livrer parce-qu'elles entraîneut de plus grands malheurs. Les hommes qui gouvernent étant occupés sans cesse de grands intérêts, ne sont pas si irascibles sur de petites choses, les haines nationales ne sont pas si fortes ni si ridicules que dans les petits Etats, et il est plus aisé d'imaginer deux grands Empires qui se confondent pour vivre sous le même gouvernement, que deux petites souverainetés plus

jalouses de leurs droits·à mesure qu'ils signi-
fient peu de chose.

Je reviens à mon sujet. L'Angleterre qui
par le peu d'étendue de son territoire et de
sa population, ne doit point être comptée
au nombre des grandes puissances, et qui
ne tient un rang entr'elles que par sa puissance artificielle, doit trouver par cette raison
un avantage à faire la guerre comme les
petites puissances, afin d'acquérir un plus
grand territoire. La circonstance de sa situation insulaire ne fait rien à ceci; les îles et
même la mer sont le territoire d'une nation
insulaire et commerçante; c'est ainsi qu'elle
a acquis autrefois Minorque et nouvellement
la Corse, qu'elle possède depuis long-tems
Gibraltar; par le moyen du domaine de la
mer qu'elle affecte et de ses flottes, elle peut
joindre ces possessions éparses, les unir et
les incorporer à son territoire de la Grande-
Bretagne, comme si elles étoient contigües.

Mais indépendamment de ce motif qu'a l'Angleterre de faire la guerre elle-même, comme
puissance du second ordre; elle en a un
bien plus pressant en qualité d'étrangère, de
la faire naître dans le Continent entre celles
du premier ordre, et dont elle a le plus à
craindre : située, pour ainsi dire, à la porte
de l'Europe, et inaccessible par la mer qui
l'entoure, elle peut profiter de tous les avantages que lui fournit la guerre entre de puissans

sans voisins, et recueillir quelquefois les dépouilles dans un combat où elle n'a pas été engagée. Avant tout, elle trouve sa sûreté dans la désunion de ceux qui pourroient l'affoiblir, ou même l'envahir; par cette raison elle n'épargne rien pour créer des rivalités permanentes dans le Continent, réveiller d'anciennes animosités, brouiller les voisins et ceux qui sont rivaux, faire naître des haines là où il n'en subsiste pas de motif, et entretenir la mésintelligence entre tous. Tant que le sang coule dans le Continent, sa puissance est intacte, et elle se livre en sûreté au soin d'amasser de nouvelles richesses; dès que le sang cesse de couler, elle lui ouvre une nouvelle source, et prodigue pour y parvenir les trésors qu'elle vient d'acquérir. De cette manière, sans être jamais plus riche dans un tems que dans l'autre, puisque la guerre dans le Continent lui coûte l'argent que la même guerre lui a apporté, elle ne gagne rien dans cet affreux marché que d'être le pourvoyeur perpétuel du démon de la guerre. Mais non, disons mieux, et rendons-lui justice, sa sûreté demande que le Continent soit éternellement ensanglanté, sa prospérité exige que les nations étrangères s'entr'égorgent éternellement, et sa position est telle, que toute l'Europe doit lui être sacrifiée, ou elle à l'Europe.

Il faut convenir que sous ce point de vue

c'est une funeste circonstance pour l'Europe que la situation de l'Angleterre dans son voisinage, et que c'est un malheur pour l'humanité que cette isle, foible par elle-même, soit parvenue à jouer entre les premières puissances du monde un rôle dont la conservation demande de si grands sacrifices. Il en coûte véritablement trop cher aux peuples de l'Europe pour maintenir sa funeste splendeur !

Mais quand même elle n'auroit rien à craindre, pour sa puissance et son influence politique, d'un intervalle de tranquilité dans le Continent ; elle auroit toujours à le redouter pour son commerce et ses manufactures. Le commerce vu en grand a un caractère de générosité et n'est rien moins qu'hostile par sa nature ; pour prospérer il demande que tous prospèrent, acheteurs et vendeurs ; car ainsi, l'un aura plus de moyens d'acheter et l'autre plus de denrées à vendre ; mais le commerce de monopole, qui est celui de l'Angleterre, est par sa nature hostile envers tous ceux qui en sont l'objet, et ennemi de l'égalité ; loin que ce soit un contrat entr'égaux, c'est un contrat entre le maître et l'esclave, où le premier gagne tout ce qu'il peut gagner et où le second perd tout ce qu'il peut perdre ; c'est un commerce qui mérite plutôt le nom de brigandage. Il faut à l'Angleterre des acheteurs misérables et qui ayent, pour ainsi

dire , plus de besoin de ses denrées que de
moyens de les payer : sur un aussi immense
marché que le Continent de l'Europe , elle
trouve toujours à se dédommager, et au bout
du compte elle n'y perd rien ; elle peut fournir à un crédit de plusieurs années, pourvû
qu'elle fournisse seule ; au moyen de la masse
et du revirement de son numéraire , ses fabriques n'en souffriront pas la moindre stagnation. Mais s'il existoit un long intervalle
de paix parmi les nations industrieuses et
commerçantes de l'Europe , si celles-ci cul-
tivoient avec le génie qui leur est propre les
arts de la paix , elles apprendroient aussi vîte
à se passer des manufactures de l'Angleterre
et des productions de ses Indes , qu'elles se-
passeroient de ses intrigues et de ses tracas-
series. Son commerce déclineroit rapidement
et l'importance de la nation Anglaise seroit
perdue.

C'est-là le malheur national que prévoit le
cabinet Britannique , c'est la chûte de cet
empire artificiciel , et comme le dénouement
du rôle théâtral que la nation joue , sur lesquels il porte incessamment des yeux in-
quiets. En conséquence il alimente son commerce par la guerre , et la guerre par son
commerce ; il entretient la division des peuples du Continent et les tient occupés entr'eux
pour qu'ils ayent besoin de son commerce
et qu'ils ne manufacturent pas eux-mêmes ; de

l'autre côté il répand l'or que ce commerce lui produit dans les cours et les cabinets pour former de nouvelles intrigues et faire éclatter de nouvelles divisions. Il sait que la guerre dans le Continent est le fruit dont la nation subsiste, il prend soin de n'endommager jamais les racines de cette plante funeste, coupée quelquefois, jamais entièrement arrachée.

Tel est l'esprit de la politique Anglaise. Il est à propos maintenant de montrer par les faits jusqu'à quel point elle l'a suivi, et de faire le tableau de l'empire Britannique, acquis et consolidé par ces moyens.

J'observerai d'abord que rien n'est plus dangereux que l'ambition d'une nation maritime commerçante et conquérante à la fois ; car elle a les moyens de faire les conquêtes et de les conserver, et par le domaine de la mer elle peut porter sa puissance par-tout le monde, et n'y laisser rien de libre. Les Romains parvinrent à la monarchie universelle par les armes seules, et firent des provinces Romaines des trois parties du monde alors connues ; l'Angleterre vise, non à la monarchie universelle par les armes, mais à une influence universelle par le commerce, et n'employe les armes que pour étendre ce dernier, elle se fait des étappes de tous les pays et s'y érige un monopole ; elle veut bien que les peuples gardent leurs souverains, comme Fabius laissoit à Tarente ses dieux irrités , pourvû que leurs richesses et les productions de leur terrein soient à sa disposition ; de cette manière elle règne sur le souverain et sur le peuple , l'extérieur de la puissance lui importe fort peu pourvû qu'elle en ait la réalité ; elle ne veut point abattre les rois , elle ne veut que les avilir ; l'argent qu'elle tire de la nation est employé à en corrompre le chef et à faire de celui-ci son instrument. La fortune a tellement seondé ses entreprises qu'un bourgeois Anglais traite aujourd'hui d'égaux les souverains étrangers , et parle d'eux sur le ton que parleroit un citoyen Romain de rois abattus ; non qu'il puisse les vaincre , mais il peut les payer.

Au moyen de ce trafic honteux , l'Angleterre propage par-tout la tyrannie , l'immoralité dans les cours et la misère des peuples ; elle aime à traiter avec un prince absolu, parce qu'il n'y a qu'une personne à gagner, mais elle redoute les peuples libres, parce qu'un Sénat est plus difficilement acheté qu'un Roi, de la même manière qu'elle redoute (s'il est permis de comparer les petites choses aux grandes) la réforme du Parlement chez elle , parce qu'il est plus commode d'acheter une majorité pour sept ans que pour trois , et que le nombre des candidats à la corruption seroit trop grand ; c'est par ce systême universel de corruption qu'elle dé-

grade par-tout les souverains et les peuples ;
elle règne par l'influence des vices qu'elle
paye et qu'elle nourrit, et qui lui rendent
à leur tour le même office ; rien de bon ni
d'honnête ne peut lui convenir, ni chez elle,
ni ailleurs ; elle déprave le monde qu'elle
dépouille.

Les souverains payés par l'Angleterre né-
gligent la grandeur de leur Empire ; le commerce de l'Angleterre les dispense de faire
fleurir celui de leur nation, et soit imbécillité,
paresse, ou connivence, on lui laisse emporter les matières premières qu'elle rapporte
manufacturées pour remporter encore l'or.
En vendant aux peuples de l'Europe son
fer poli contre leur or ou leurs productions,
elle les traite à-peu-près comme elle traite
les sauvages auxquels elle porte de la ver-
roterie en échange des matières les plus pré-
cieuses. Là, où on lui refuse les matières
premières, où elle ne peut établir un monopole, elle fait la guerre et détruit les nations pour s'emparer de leur territoire et de
ses productions. C'est l'origine de son
Empire au Bengale. *Comme nation guerrière
elle aime les conquêtes, comme nation ambi-
tieuse elle convoite la domination, et comme
nation commerçante elle est avide d'un gain
exclusif.* (1)

____

(1) Franklin dans sa lettre à lord Howe.

Ce n'est point Hastings seul qui a été jugé en dernier lieu; c'est la compagnie des Indes qui jouit d'un revenu annuel de cinq millions sterling et demi, dont au-delà de deux millions sont dûs à l'administration de Hastings; c'est la nation Anglaise, au nom de laquelle on vante tous les jours dans le parlement Britannique les immenses ressources tirées des Indes Orientales, qui a été mise en jugement dans cette longue procédure de sept ans pour les concussions, les rapines, les oppressions exercées, et tous les crimes commis contre les peuples et les souverains de l'Inde; et c'est la nation Anglaise qui, dans la personne d'Hastings, s'est absoute et acquittée elle-même; parce qu'elle jouit des dépouilles qui sont le fruit de ses crimes, dépouilles qu'elle auroit dû restituer, si Hastings eût été condamné. Ce célèbre jugement n'a donc jamais été qu'une comédie jouée devant l'Europe pour faire croire à la justice de l'Angleterre; mais celle-ci n'a eu garde de soutenir le rôle jusqu'au bout.

C'est ainsi que l'Angleterre s'est formé un collosse de puissance qui surprend davantage à mesure qu'on en examine trait par trait les proportions gigantesques. Elle est par sa population et sa force intérieure au-dessous de la plupart des puissances commerçantes de l'Europe, cependant elle les dédaigne comme ses rivales, et réunissant le commerce à la politique et aux armes, elle est parvenue à régner seule sur le globe entier.

En effet, quel est le pays à l'abri de son ambition commerciale, et de son influence politique ; quel est le pays où elle n'ait pas une prépondérance décidée ? Parcourons le monde pour contempler sa grandeur.

Elle est souveraine aux Indes Orientales, où elle s'est formé un Empire immense par les mêmes moyens que les Espagnols ont autrefois conquis l'Amérique ; elle tire de la sueur de ces peuples les trésors qu'elle étale à Londres, et qui servent à séduire les cours de l'Europe pour entreprendre des guerres contraires à l'intérêt de leur nation. Elle a à la Chine des pretentions plus fortes qu'aucune autre nation commerçante ; rien ne pouvoit la satisfaire qu'une ile dans la mer Jaune comme un Gibraltar en Europe, ou une Corse dans la Méditerranée; mais on a craint à Peking des hôtes si dangereux, et les Mandarins n'ont pû être corrompus, ceux qui sont accusés d'avoir l'ame la plus venale, ont plus aimé leur patrie que les ministres Européens n'ont aimé la leur, et ont rougi de la livrer à la domination Anglaise. Elle commande aux Indes Occidentales, et quoique le domaine de la terre appartienne à d'autres, son pavillon est le plus respecté sur l'immense côte, depuis le détroit de Magellan jusqu'à celui de Hudson, et les possesseurs du territoire de l'Amérique sont ses esclaves en Europe. Elle domine exclusivement dans la mer du Sud; et c'est pour augmenter cette souveraineté qu'elle a fait une affaire d'Etat de la vetille de Nootka-Sound, et eut fait, si l'on ne fut toujours trop prompt à lui céder, la guerre pour ce qui n'étoit que le sujet d'un procès. C'est elle encore qui a le plus d'influence auprès des puissances barbaresques; Alger et Maroc lui sont dévoués de préférence, et sont les instrumens dont elle se sert pour châtier ses ennemis; elle lâche leurs pyrates contre l'Espagne quand elle est en guerre avec cette dernière, ou même en cas de besoin, et par une des plus impudentes fourberies (1) qui

---

(1) Le consul d'Angleterre à Alger (le sieur Logier) s'est permis de signer, au mois de mai de l'année passée, une trève entre la régence d'Alger et le Portugal, sans que la cour de Lisbonne l'y eut autorisé, et sans qu'elle fut le moins du monde instruite de cette négociation. En vertu de cette trève, les corsaires Algériens pouvoient écumer la mer sans être molestés, et entrer librement dans les ports de Portugal. Ils firent en conséquence plusieurs prises Américaines et les amenèrent dans ces ports ; jusqu'à ce que le gouvernement de Lisbonne, étonné qu'il subsistât une trève entre lui et Alger sans qu'il en eut connoissance, s'enquît à la régence de ce qui pouvoit donner lieu à une pareille conduite de sa part. On tomba des nues quand on apprit le

ayent jamais été pratiquées parmi les Afri-
cains, les fait courir sus aux vaisseaux des
Etats-unis, tandis qu'elle est en paix avec le
Congrès.

Il s'agit de voir maintenant le rôle qu'elle
joue en Europe, et afin de montrer à quel
point elle est maîtresse dans ce Continent,
je tracerai ici avec quelque détail, pour autoriser les assertions générales faites plus
haut, un apperçu de ses intérêts politiques
actuels avec les principales cours de l'Europe. Elle respecte la seule Russie, qui avec
une grande masse de puissance, des vues
commerciales et politiques très-étendues, un
cabinet sage et constant dans ses projets,
et sur-tout une situation géographique qui
la met hors de l'atteinte de l'Angleterre,
comme celle-ci est elle-même hors de l'at-
einte de la plupart des puissances Continentales, a sçu quelquefois faire plier son
orgueil et réprimer son avidité. Elle échouera
constamment à Petersbourg et à Peking,
capitales de vastes Empires où on la dédaigne
et où l'on se rit d'une petite puissance qui
a une si grande ambition, en même - tems

---

mystère, et l'impudence avec laquelle l'Angleterre avoit
traité de son chef pour une cour étrangère sans l'aveu de
celle-ci, et même sans l'en informer. Cette ridicule
trève fut assitôt rompue.

que l'orgueil national de ces deux peuples, quelle qu'en soit la cause, les préserve de l'anglomanie que l'on a poussée à un point si ridicule chez quelques peuples du Continent. Mais il est assez d'autres pays foiblement gouvernés où elle trouve à se dédommager et où elle règne, soit par la corruption, soit par la terreur.

Le Portugal peut être regardé depuis près d'un siècle comme une province Angloise, à laquelle le conquérant a laissé son gouvernement et sa religion, parce que l'une et l'autre servent à affermir dans le pays une domination étrangère, et que celle - ci prospérera d'autant plus que le gouvernement y sera plus imbécille, et que la religion y portera plus à la fainéantise. On devroit croire qu'elle a lieu d'être satisfaite de cette domination ; mais non, son avidité sans cesse croissante lui a fait proposer, il y a quelque tems à la cour de Lisbonne, de renouveller le traité de 1703, d'une manière qui lui fut encore plus avantageuse. Le gouvernement de Portugal a trouvé moyen, sans oser prononcer un refus formel, d'éloigner cette question pour le moment, et le cabinet de Londres s'est contenté de le faire renoncer à une neutralité avantageuse, et de l'entraîner dans une guerre contre la France, à laquelle le Portugal ne peut que perdre sans aucune possibilité d'y rien gagner. Le Portugal a dû

céder à cette demande tyrannique , et la
convention a été signée à Londres. L'Angleterre a voulu forcer toutes les nations
commerçantes à épouser sa querelle comme
si elles étoient dépendantes d'elle ; et en
cela son but n'étoit pas tant de profiter de
leurs secours, que d'empêcher qu'elles ne
profitassent d'un commerce et d'une navigation neutres. Il est à souhaiter pour le
Portugal que le parti Espagnol y prenne le
dessus, et que les deux nations au lieu d'être
divisées par une haine pernicieuse et ridicule, se fondent en une et vivent sous un
même gouvernement. Cette révolution seroit
d'autant moins extraordinaire que les deux
pays ont déjà antérieurement été unis, que
les deux peuples ont les mêmes mœurs, la
même religion, les mêmes intérêts politiques
et sont situés sous le même climat; elle a
été préparée par le mariage de l'infante Donna
Carlota avec Dom Juan alors duc de Bra-
gance, et maintenant prince de Bresil ; et
cet événement futur et désirable sera regardé
à juste titre comme le chef-d'œuvre de l'administration du comte de Floridablance.
L'Angleterre seule perdra à cette salutaire
union.

L'Espagne gouvernée sous ce règne avec
plus de foiblesse encore que sous la règne
passé, est aisément devenue la proie de l'Angleterre ; celle-ci, favorisée d'ailleurs par les

évènemens extérieurs, y a trouvé tout ce qu'il
falloit pour soumettre les conseils du roi Ca-
tholique à son influence , pour lui faire abandonner l'intérêt d'un ancien allié , embrasser
un systême nouveau et l'embarquer dans sa
cause, afin de préparer sa ruine. La politique
de Charles III étoit différente ; il resta constamment attaché à la France , et l'on peut rai-
sonnablement douter si , même après l'exécution de Louis XVI son neveu, ce prince
entier et opiniâtre eut trouvé à propos de se
jetter entre les bras de l'Angleterre. Le ministre
qui régnoit sous lui avoit du moins à cœur
l'intérêt de son pays, il savoit le connoître
et quelquefois le faire triompher ; il avoit pé-
nétré les vues profondes de la cour de Londres, dont il retardoit les projets et ajournoit
l'ambition ; le vieux roi le secondoit de son
mieux par des vues de ressentiment particulier, car il n'avoit pû oublier la bravade insolente de l'amiral Matthews à Naples , à laquelle il fut obligé de se soumettre , et il avoit
assez d'honneur pour regarder d'un œil irrité,
dans son propre territoire , Gibraltar aux
mains des Anglais. Depuis sa mort le ministre
qu'il avoit laissé à son fils a été obligé de
déshonorer son administration par la convention de Nootka-Sound, et de flétrir la gloire de
l'Espagne par la déclaration qui a précédé ce
traité ; heureux s'il eut pû renoncer un peu
plutôt à l'attrait d'un pouvoir que bientôt il

devoit perdre, et porter à Pampelune tout l'honneur de son pays et sa propre réputation.

Après ce premier pas, et ayant une fois fléchi sous le pouvoir Britannique, l'Espagne n'a plus été la maîtresse de suivre d'autres mesures que celles que lui dictoit le cabinet de Saint-James. Jamais elle ne se fut d'elle-même déclarée pour la guerre sans la peur de la cour de Londres, et si elle avoit crû alors la France assez puissante pour pouvoir la protéger contre leur ennemi commun, dans le cas qu'elle refusât de se joindre à lui : mais elle se vit isolée de la France, soit par la nouveauté des principes de gouvernement de cette derniere, soit par le peu de durée qu'elle attribuoit à la République, et c'est ainsi que le manque de foi dans la révolution a perdu beaucoup de gens, soit en France soit ailleurs ; elle a dévoré tous ceux qui n'y ont pas cru et qui ont mis en doute la liberté et les droits de l'homme. De cet isolement, néanmoins, il y avoit loin à se lier avec son ennemi naturel contre son ancien ami, son voisin et son allié naturel, et il se trouvoit pour l'Espagne un parti mitoyen, le seul qui peut-être dans ces circonstances lui convient, celui de se renfermer en elle-même, d'observer une stricte neutralité et d'attendre du tems qu'elle put reprendre ses anciennes liaisons avec la France. La neutralité est dans toutes les guerres le droit naturel de toute puissance qui veut l'embrasser ; c'est un avantage pour elle que personne ne peut lui ravir, c'est un avantage pour toutes, même pour celles qui sont belligerantes, car par le moyen des neutres elles conservent entr'elles la communication et facilitent la reconciliation. Une guerre d'où l'on voudroit exclure la neutralité de quelques puissances seroit une guerre qui menaceroit le genre-humain de mort, et les peuples d'une extinction totale. La nation qui entreprend d'établir un pareil système est coupable envers toutes et mérite d'être proscrite par toutes. C'est ce qu'a fait l'Angleterre. Elle a dit que dans les conjonctures présentes elle ne souffriroit point de neutralité, et elle a fait valoir cette nouvelle et funeste prétention par tous les moyens qui sont en son pouvoir. L'Espagne a cédé la première à ses menaces ; voici la substance du discours qu'elle lui a tenu : Je suis la plus formidable des puissances maritimes, et la fortune m'envoye une occasion de faire périr mon plus dangereux rival ; mon intention est de détruire jusqu'au nom et la race de cette nation ennemie, afin que je règne seule et que personne ne puisse plus me résister. J'intéresse à ma cause toutes les cours de l'Europe, et je leur dis que mon ennemi vise à l'anéantissement de tout ordre social, lui qui se vante de perfectionner cet ordre ; ainsi je commence par proscrire celui que je destine à la mort et je ne lui laisse aucun ami. Il vous est libre de partager sa ruine ou de l'accélérer. Quiconque, dans cette guerre, n'est pas pour moi, est contre moi. Je n'admets point une neutralité contraire à mes intérêts. Vous, jaloux de ma grandeur en serez l'instrument ou la première victime.

L'Espagne s'est soumise et n'a pas osé contester sur le droit de rester neutre. Soit préjugés de politique et de religion, soit effet des séductions que l'Angleterre a jointes aux menaces et l'espérance qu'elle faisoit briller à ses yeux de voir un trône renaître en France, et la maison de Bourbon triompher de la nation, elle a signé une convention contre la France, et s'est annoncée pour y opérer la contre-révolution, de concert avec l'Angleterre son nouvel allié. Bientôt elle s'en est repentie ; elle a vu à Toulon à quel allié elle avoit à faire, et que d'un ennemi reconcilié elle a fait un maître ; elle a vu qu'il étoit de l'intérêt de l'Angleterre de la ruiner aussi bien que la France, et de détruire la marine de l'une par celle de l'autre, afin que le survivant fut plus aisément sa proie. (1) Elle s'est vue dans la situation

____

(1) Un fait récent vient de prouver encore avec quel acharnement l'Angleterre cherche à ruiner les flottes de ces deux puissances, qu'elle n'a pas même pitié des misérables restes de l'ancien corps des marins Français ré-

d'un

d'un allié inférieur et dépendant de l'Angleterre, tandis que celle-ci devroit à peine oser
rivaliser une aussi puissante monarchie;
elle s'est vue contrariée dans toutes ses mesures, car dans l'emploi commun de leurs
forces contre la France, l'une cherchoit continuellement à rétablir, l'autre cherchoit cons-

---

fugiés chez elle', et ne leur pardonne pas d'avoir autrefois servi contre l'Angleterre. Entre les malheureux
émigrés jettés en dernier lieu sur les côtes de Bretagne
pour y opérer la contre-révolution, ou plutôt pour
y être sacrifiés, se trouvoient six cens officiers de marine conduits par un Mr. d'Hector. Ces débris d'une
marine ennemie devoient périr, si ce n'est par les
mains, du moins par les séductions de l'Angleterre, et les
mesures ont été si bien prises qu'aucun n'en a réchappé.
Voyez le rapport de Tallien du 9 Thermidor. Il est
étonnant que les émigrés n'ouvrent pas enfin les yeux
et ne se lassent pas d'être les dupes de leur perfide
protectrice qui ne cherche qu'à égorger tout ce qui
porte le nom de Français; car enfin, pourquoi faire
servir des hommes de mer sur terre où ils ne savent
pas combattre, pourquoi l'Angleterre évite-t-elle si
soigneusement d'employer aucun Français dans ses
flottes ? Une circonstance particulière articulée par
Tallien, dans le rapport déjà mentionné, montre toute
la noirceur du gouvernement d'Angleterre. Lorsque les
émigrés furent prêts à se rendre les Anglais tirèrent sur
eux comme sur les Républicains : En effet, dit Tallien, *leurs vaissaux faisoient un feu terrible sur tous les
combattans.* Pourquoi ? parce que tous les combattant
étoient Français.

Note ajoutée.

C

tamment à détruire. C'est par cette raison
que les vaisseaux de Toulon ont été brûlés
plutôt que d'être envoyés, comme le demandoit l'Espagne, à Carthagène, ou du
moins, pour sauver la moitié, que le dépôt
fut partagé entre les deux. Ce n'est qu'alors
qu'elle s'est apperçue de l'intention perfide
de l'Angleterre, et que c'étoit à la marine
d'Espagne que celle - ci portoit un coup
mortel en détruisant des vaisseaux qui pouvoient un jour la joindre. Néanmoins elle
n'a pas osé murmurer ni sortir d'une coalition
où elle étoit obligée de se sacrifier elle-même.
La cour de Londres qui a eu le pouvoir de lui
faire entreprendre la guerre aura celui de l'y
maintenir. Quand elle sera assez abattue, et
son gouvernement suffisamment dépouillé de
ressources, alors l'Angleterre viendra faire
accepter son traité de commerce, long-tems
proposé en vain, et se verra d'un trait de
plume maîtresse de toutes les richesses du
nouveau monde, et Cadix devenir un port
d'Angleterre. En attendant que ce moment
arrive elle ne se contente pas de la ruiner, elle
l'insulte, elle ne ménage plus la victime qu'elle
destine au sacrifice, elle l'a mise dans un état
à tout souffrir, d'un côté par la crainte de la
France, et de l'autre par celle qu'elle lui inspire elle-même: en conséquence de l'impuis-
sance où elle l'a réduite, elle sent qu'elle
peut la maltraiter impunément ; c'est ainsi

qu'elle a confisqué le St. Yago sous un prétexte frivole et par une sentence inique après
une année de délais et d'espérances trompeuses de le relâcher ; c'est ainsi qu'elle lui a
refusé des armes pour défendre une cause
commune , afin qu'elle périsse plutôt.

Peut - être que quelques - uns voudront
croire que l'Espagne en signant sa convention
avec l'Angleterre a voulu imiter la Prusse
dans son alliance avec l'Autriche. Mais l'évènement montrera que l'exemple de la Prusse ,
gouvernée avec vigueur, toujours riche par
son trésor et formidable à tous ses voisins par
armée constamment entretenue sur le pied de
guerre , n'est pas fait pour être suivi par l'Espagne , régie par un gouvernement foible et
sans nerf , destituée de forces intérieures , et
n'ayant ni dans ses coffres, ni dans son armée
ou sa marine , des moyens suffisans pour se
maintenir par elle-même entre la France et
l'Angleterre , et pour pouvoir en sûreté se
déclarer contre la première avec le secours perfide d'un ennemi secret. De pareilles hardies-
ses politiques n'appartiennent qu'à des puissances sûres d'elles-mêmes ; elles seules peuvent s'écarter impunément de la route battue ,
toujours maîtresses d'y rentrer quand leur
intérêt l'exige. Ces feintes par lesquelles on
laisse le corps à découvert, ne sont permises
qu'à un maître d'escrime consommé dans son
art ; un autre qui voudroit à son exemple

prêter le flanc y recevroit aussitôt le coup mortel. De même les puissances qui se sentent foibles sont perdues dès qu'elles abandonnent les règles ordinaires de la politique, éprouvées depuis long‑tems, et dans lesquelles l'expérience leur montre que consiste leur sûreté. Avant que d'imiter ceux qui sont forts, il faut se rendre fort soi‑même. Par ces raisons nous voyons que la Prusse, après son alliance avec l'Autriche, triomphe et se voit plus puissante que jamais en Allemagne, au lieu que l'Espagne, après s'être liée avec l'Angleterre, se voit également en proie aux armes des Français et à la haîne cachée des Anglais. Il faut convenir qu'elle se trouve aujourd'hui dans une des positions les plus difficiles où jamais un Etat indépendant puisse se trouver. D'un côté la France a conquis ses provinces et menace d'envahir tout le Nord de sa monarchie, avec des principes et des hommes auxquels rien ne résiste. De l'autre l'Angleterre vise à s'emparer des ressources du pays, à l'affoiblir de manière qu'il soit entièrement à sa merci. Dans cet embarras, et ne pouvant résister à ces deux ennemis et subsister par elle‑même, quel parti doit‑elle prendre et auquel des deux doit‑elle s'attacher pour se délivrer de l'autre ?

Il semble qu'on ne peut bien résoudre cette question qu'en examinant les principes sur lesquels ces deux puissances, que je dis également ennemies de l'Espagne, agissent et les forces qu'elles peuvent employer. D'abord, quant aux principes qui conduisent l'une et l'autre, il est clair que la France ne vise pas comme l'Angleterre à l'affoiblissement de l'Espagne, à détruire sa marine, la dépouiller de ses Indes, et puis la soumettre à son influence ; car elle n'a pas à toutes ces choses le même intérêt que l'Angleterre, elle possède indépendamment de l'Espagne un immense territoire en Europe, de prodigieuses ressources en productions naturelles et artificielles, et des Isles dans les deux Indes qui suffisent à son commerce, et la mettent dans le cas de ne pas désirer le bien d'autrui ; elle ne lui fait donc la guerre que parce que l'Espagne le veut ainsi ; elle ne cherche qu'à l'arracher à l'Angleterre et à rétablir avec elle la paix et ses anciennes liaisons. Et ce but obtenu, l'Espagne, subsiste comme auparavant, et peut à l'aide d'un voisin allié, puissant et intéressé à sa prospérité, parvenir à une plus grande splendeur que jamais ; au lieu que l'Angleterre par sa situation et sa politique commerciale, ne peut jamais avoir d'intérêts communs avec l'Espagne non plus qu'avec aucun autre Etat quelconque, elle est vivement intéressée, au contraire, non-seulement à la maintenir le néant, mais à attirer à elle les possessions que l'Espagne a aux deux Indes, et les productions de son territoire en Europe, elle desire même de lui enlever les îles qu'elle a près de son Continent, afin de dominer dans la Méditerranée; l'occupation de Minorque, qu'elle a perdue, la possession de Gibral ar et l'importance qu'elle met à la conservation de ce rocher, prouvent tout ceci mieux que des raisonnemens ne pourroient faire. Jamais l'Espagne ne pourra croire l'Angleterre sincère dans ses vues envers elle, à moins qu'elle ne lui propose d'elle-même de lui rendre Gibraltar.

Secondement, et quant aux forces, il est bien clair encore, que la France, alliée de l'Espagne, peut la protéger efficacement contre l'Angleterre; au lieu que l'Angleterre qui est aujourd'hui embarquée avec elle dans la même cause, ne peut, comme nous le voyons, la protéger efficacement contre la France, et ce qui lui manque en forces lui manque encore plus en bonne volonté; car elle lui refuse des armes et confisque ses vaisseaux. Il y a plus. La France a non-seulement assez de forces pour protéger l'Espagne contre l'Angleterre, e le en a même assez pour la conquérir malgré elle; ce que l'Angleterre ne sauroit jamais faire, car elle ne peut aujourd'hui protéger l'Espagne contre la France, et pourroit bien moins l'envahir malgré la France; de sorte que l'Espagne a d'un côté plus à espérer, et de l'autre plus à craindre de la France, et jamais rien à espérer et moins à craindre de l'Angleterre, ce qui, pour un Etat, qui se trouve dans sa situation, est décisif.

De tous les alliés de l'Angleterre le plus infortuné, c'est la Hollande ; située plus près du théâtre de la guerre, et réveillant plus qu'aucune autre puissance la jalousie de l'Angleterre par l'étendue de son commerce, elle a été désignée pour être ruinée de préférence et sacrifiée aux intérêts de sa tyrannique amie. Ce n'étoit pas assez que l'Angleterre eût depuis 1787 une influence prépondérante en Hollande, qu'elle entretînt un vice-roi à la Haye comme à Dublin. Cette influence qui n'étoit que politique ne la satisfaisoit point, parce que le Hollandois plus amoureux de son argent que de sa liberté, se laissoit tranquillement gouverner par une puissance étrangère, mais conservoit opiniâtrement son commerce à lui : son indépendance comme nation étoit perdue, mais il étoit plus difficile de le faire renoncer à son indépendance comme marchand. C'est à quoi visoit l'Angleterre ; son but étoit de monopoliser à la longue, s'il étoit possible, le commerce de la Hollande et de n'avoir à Amsterdam que des facteurs au lieu de rivaux. Dans le même tems, une guerre contre la France lui convenoit, parce qu'il paroissoit aisé d'opprimer cette dernière.

mais elle manquoit de prétexte , et la France étoit soigneuse de ne pas lui en fournir. La Hollande fut marquée pour servir dans cette guerre de prétexte et d'allié au risque de ce qui pouvoit lui en arriver , et dût-elle y périr ; on pouvoit profiter de ses succès si elle en avoit , on pouvoit bien plus profiter de ses malheurs ; car on ne songeoit guères alors à en prévoir le dernier, et l'on ne croyoit point à la possibilité de ce qui est arrivé. On se fit donc le défenseur officieux d'un pays qui ne demandoit pas à être défendu. Les Etats qui sentoient qu'ils alloient faire la guerre comme les compagnons du lion , eurent beau traîner les choses en longueur, ils furent obligés d'y donner les mains et de provoquer la guerre, non qu'ils eussent aucun droit, aucun besoin ni aucune envie de la faire, mais l'Angleterre avoit besoin d'un prétexte. L'ouverture de l'Escaut qui peu d'années auparavant avoit si foiblement ému le cabinet de Saint-James, devint alors le digne sujet d'une rupture ; on négocia quelque tems pour la forme , et l'on fit ses préparatifs. Les Français qui virent leur plus mortelle ennemie dans la puissance qui ne s'étoit point encore déclarée, et que les hostilités alloient commencer, résolurent de ne point attendre la dernière insulte, et eurent le bon esprit de déclarer la guerre les premiers, démarche toujours prudente entre puissances maritimes, et de saisir les vaisseaux Anglais et Hollandais qui se trouvoient dans leurs ports.

La guerre avec ses fortunes diverses pour les autres parties belligérantes, a été constamment défavorable aux Hollandois ; ils ont dû la faire mollement, la faisant à contre-cœur, et les Français qui eussent désiré de les épargner, les traitèrent en ennemis, non à cause d'eux, mais à cause de l'Angleterre, et quelquefois punissoient par indignation leur stupide lâcheté. Aujourd'hui que leurs places fortes sont prises et que l'État periclite ; l'Angleterre qui les a entraînés dans le danger ne peut les sauver, elle prévoit qu'elle perdra entièrement un allié qu'elle n'a voulu qu'affoiblir. Mais elle se console en jouissant de sa ruine, et augmente en attendant la balance de son commerce de tout celui de la Hollande. Ce n'est pas tout. Cette alliée qu'elle ne peut protéger contre les malheurs d'une guerre qu'elle lui a fait entreprendre, va maintenant conjurer l'orage et faire sa paix particulière. Que fait l'Angleterre ? Fidèle à son systême de perfidie, voyant que sa proie lui échappe et qu'elle ne peut plus la conserver par sa politique, elle va user de force, puisqu'il est question que la Hollande vendue d'avance par ses ministres à la cour de Londres, doit être prise en dépôt par les armées combinées qui sont à sa disposition , tandis que de l'autre côté deux frégattes ont déjà été successivement envoyées aux Indes Orientales pour porter aux forces Britanniques, dans ces parages , l'avis de s'emparer des établissemens Hollandais à Java et à Borneo.

Ce que j'ai dit de l'Espagne est aussi vrai ou plus vrai de la Hollande , car elle se trouve comme cette dernière entre deux puissances , auxquelles ne peut résister ni maintenir son indépendance : dans ce cas , entre les deux protecteurs, c'est le mieux intentionné et le plus puissant qu'il faut choisir, puisque la liberté de ce choix est tout ce qui reste à une puissance tellement située. La France a d'ailleurs sur l'Angleterre l'avantage d'être voisine de la Hollande et de tenir à elle par son territoire , et par cette raison la situation de la France dans le Continent lui donnera toujours une supériorité réelle sur l'Angleterre pour ce qui regarde les puissances de ce Continent ; car avant que l'Angleterre puisse arriver, soit pour protéger soit pour envahir, la France sera toujours en état de prendre les devans et de la prevenir. L'avantage que les Hollandais trouveront à être attachés à la France , c'est que désormais ils pourront se promettre de vivre tranquilles sous ses auspices , et de sortir de l'incertitude inquiétante où ils se trouvoient jusqu'ici entre deux puissans voisins, et avant que la France par ses dernières victoires eût

entouré pour ainsi dire leurs frontières ; car
dien que quelques-uns pensent que même
dans le cas où l'Angleterre fit la paix avec la
France , cette paix ne seroit jamais qu'une
préparation à une nouvelle guerre pour reconquérir la Hollande , dont elle ne pourra di-
gérer la perte ; je ne saurais trouver de quelle
manière l'Angleterre peut envahir la Hollande
désormais ; elle ne peut le faire, comme en
1787 , qu'au moyen d'un allié continental :
or cet allié n'est plus à sa disposition , et
d'ailleurs les Français étant maîtres de l'Allemagne jusqu'au Rhin, le chemin seroit fermé
à la Prusse, comme il l'est aussi à l'Autriche
par l'occupation des Pays-Bas, si celle-ci
vouloit rendre ce service à l'Angleterre. En
comptant cet avantage , je perds de vue la
liberté , que cependant il ne faut jamais perdre de vue ; au moyen de cette liberté et d'un
gouvernement populaire , qui seul convient à
une nation marchande , le commerce des
Hollandais , délivré des entraves Britanniques et d'un gouvernement de nobles , dont
le propre est l'orgueil et la rapacité , et sous
lequel il étoit méprisé et vexé , prospérera
bientôt plus qu'il ne l'a fait depuis 1787 , et
beaucoup plus que ne le désireroit l'Angleterre.

Voilà donc trois puissances que l'Angleterre
a entraînées contre leur gré et contre leur
intérêt dans une guerre qui est uniquement la

sienne , et dont elle s'est efforcé de faire une guerre générale. On ne sait qui l'on doit plaindre le plus entre les victimes de son despotisme , ou celles qui se sont prêtées à obéir , ou celles qui gardent encore au milieu des menaces et des insultes une orageuse et précaire neutralité ; car il est dur de sacrifier le repos de son pays , ses trésors et la vie de ses citoyens à l'égoïsme d'un allié exigeant, qui ne prend pas même la peine de dissimuler sa secrette inimitié ; mais il est dur aussi de souffrir les outrages qu'ont souffert Gênes et Florence , les injustices et les iniquités exercées contre les Etats-Unis , la Suede et le Dannemarck , d'endurer le ton insolent de ses déclarations , et de voir tous ses vaisseaux marchands prisonniers dans les ports d'Angleterre. Qu'est donc devenue la liberté des nations Européennes dans ce brigandage universel exercé par une seule ? Où donc est l'antique gloire des peuples , qui tous ont eu des époques brillantes dans leur histoire , et qui maintenant s'accordent tous à courber uniformément la tête sous le joug que l'Angleterre leur impose ? Quelles sont ces arrogantes bravades qu'on entend répétées dans toutes les parties de l'Europe comme dans autant de provinces conquises ? Allez au Nord , c'est l'Angleterre qui tonne et qui menace , allez au midi , c'est encore elle qui menace et qui étonne ; et l'on souffre patiemment! Et l'on ne se ligue pas contr'elle pour écraser son insolent orgueil, et briser dans ses mains le sceptre de la mer, avec lequel elle châtie toutes les nations ?

C'est une erreur de croire que l'on ne peut résister à l'Angleterre, elle ne règne sur les puissances neutres que par l'ascendant qu'elle s'est acquis sur elles, *leur génie étonné tremble devant le sien ;* soigneuse de préserver cet ascendant qui est une arme qui ne coûte rien, elle sera à son tour timide et craindra de le perdre, et mollira dès qu'elle observera chez les autres une généreuse ré-solution, et l'audace de rompre le prestige. C'est une erreur plus dangereuse encore de croire qu'endurer ses insultes est le moyen de les faire cesser ; tant qu'elle verra de la pusillanimité, elle haussera le ton ; mais dès qu'on prendra vis-à-vis d'elle un ton ferme et décidé, contente de cet essai elle baissera le sien, et loin de risquer le combat, ré-tractera ses ordonnances et fera amende honorable. C'est ainsi qu'elle a contre-mandé les instructions données le 5 novembre 1793, (1) pour amener les vaisseaux Amé-

____

(1) Il est juste de dénoncer encore ici la mauvaise foi du cabinet de Saint-James. Les contre-ordres aux capitaines de vaisseaux et armateurs Anglais, expédiés et signés le 10 décembre 1793 n'ont été envoyés que vers

·ricains, et expédié les ordres du 18 août 1794, de ne plus courir sus aux vaisseaux Danois et Suédois chargés de bled. Ces démarches de modération furent faites dans le tems où elle craignoit la coalition des puissances neutres du Nord avec l'Amérique. Mais si ses menaces sont insolentes, et les droits qu'elle s'arroge contraires à toutes les loix connues des nations, sa modération est un piége et la satisfaction qu'elle donne est illusoire. Tandis qu'elle se montroit ainsi douce, elle négocioit avec le Sieur Jay, et elle vient de signer aujourd'hui un traité avec l'Amérique, et d'écarter ainsi de la ligue qui pouvoit se former contr'elle, celui des Etats neutres qu'elle redoute le plus, afin de pouvoir appésantir le bras sur les deux autres. Des déclarations d'une hauteur insupportable ont été faites à Coppenhague aussitôt après la signature de ce traité, et c'est par des raisons particulières que je dirai ci-après que l'on n'a point encore répété la même scène à Stockholm. Son traité d'alliance de commerce et de navigation avec les Etats-Unis, non-seulement rassure l'Angleterre contre ce qu'elle avoit à craindre d'eux pour

---

la fin du mois de janvier suivant, afin que les capteurs eussent le tems de mettre en exécution les instructions originales.

ses possessions anciennes et nouvelles aux
Indes Occidentales, mais fait pencher encore
la balance en sa faveur dans la neutralité
que le Congrès gardera désormais. Par ce
traité, les colonies sont redevenues Britanniques, et la France n'aura plus qu'un froid
ami dans la nation dont elle a conquis l'indépendance au prix de son sang. Les beaux
jours de Washington sont finis, pourquoi
sa fortune a-t-elle voulu qu'il survécût à sa
gloire ? Un autre eût fait ce traité ou ce traité
n'eût point été fait. Aujourd'hui le rébelle
Washington est rentré dans le devoir, et le
prix mis à sa tête n'est plus à gagner ; ses
bienfaiteurs ont payé sa grace. Mais à quoi
sert de parler d'un homme là où il y a une
nation ? Il est à prévoir que ce traité tenu
secret jusqu'ici pour figurer à l'ouverture du
parlement, et qui n'est point absolument
avantageux aux Américains, excitera en
Amérique des murmures parmi le peuple et
dans la maison des représentans, malgré
l'approbation que le président et le sénat
donneront à leur ouvrage ; l'insulte faite
aux Américains par les secours fournis aux
Sauvages, et par la trève conclue à Alger
n'est point réparée, la navigation Américaine
n'est nullement assurée, et même l'examen
du principe, que le bâtiment neutre fait la
cargaison libre, est renvoyé à un tems in-
défini, tant on craint de réveiller à Londres

le salutaire axiome qui fait la base de la neutralité armée. On verra à la rentrée du Congrès et dans les débats sur les articles du traité , éclater la division entre les deux partis , et peut-être l'honneur et la reconnoissance de la nation , et la vigueur du peuple l'emporter sur la pusillanimité et la mollesse de ses chefs. Il existe depuis quelques années deux partis très-prononcés en Amérique, (1) les uns à la tête desquels se trouve le président, la majorité du sénat et la plus grande partie des opulentes maisons de commerce sont pour une extension plutôt que pour une limitation des pouvoirs des branches législative et exécutive ; le faste et la gradation de la hiérarchie politique d'Angleterre ne leur déplairoient pas , ils aimeroient d'imposer au peuple par un air de grandeur et de réserve , et de maintenir entr'eux et lui une cérémonieuse distance , soupçon que la manière de vivre du président et de quelques membres du gouvernement ne justifie que trop. La politique intérieure de l'Angleterre est de leur goût , soit pour le système de finances , soit pour celui de commerce et de manufactures. Ce parti est appellé *fédéraliste*, parce que ses chefs sont

---

(1) V. Cooper. Some information respecting America. Londres 1794.

les

les fondateurs du gouvernement fédéré d'A-
mérique et de la constitution de 1787. Mr.
Jay qui a signé le traité avec l'Angleterre,
est connu pour un des principaux fédéra-
listes.

L'autre parti se nomme par opposition
anti-fédéraliste, non qu'il soit ennemi du gouvernement fédéré en Amérique, où cette constitution n'a pas le même inconvènient qu'en
France, parce que l'Amérique n'a pas de
voisins, mais pour marquer que leurs principes sont le contraire de ceux des fédéra-
listes. Il est composé de la grande majorité
de la nation et de la maison des Représentans.
Ce parti (si l'on peut appeller une nation un
parti) rempli d'animosité contre la Grande-
Bretagne, dont il hait l'esprit monopoliseur
et l'arrogance insultante, est plus porté pour
l'égalité Française et préfère la théorie de la
démocratie de France à l'échafaudage gothique qu'on appelle constitution Anglaise.
Il se plaint de la superiorité qu'affectent les
chefs actuels de la nation, et trouve que leur
faste et leurs énormes salaires sont peu con-
formes aux principes du gouvernement populaire. Il est à croire que ce parti eût demandé
une satisfaction bien plus éclatante de tous
les griefs des Etats-Unis contre l'Angleterre,
des forts sur les lacs retenus par la force, du
refus de restituer les Nègres volés, des dé-
prédations commises sur les vaisseaux mar-

chands , de la guerre des Indiens suscitée contr'eux avec les circonstances les plus aggravantes et les plus odieuses , enfin de l'impudente trêve d'Alger. Il faudra voir comment il sera content de la paix qu'on lui a faite. C'est ce même parti , ou plutôt la nation Américaine qui , touchée du généreux courage de la France, se débattant vaillemmeut au milieu des ennemis dont l'Angleteue l'avoient entourée , alloit voler à son secours , et demandoit à grand cris la guerre , pour venger en même temps ses propres injures, la foi des traités tant de fois violée , et les torts faits à son commerce (1).

Ce sera là le parti que le Dannemark et la Suède seront finalement obligés de prendre; car il ne semble pas qu'on soit disposé à leur faire l'honneur de leur offrir les mêmes termes qu'on a offert aux Américains , c'est-à-dire , reparation de dommages. L'amirauté Anglaise prend le train de condamner l'une aprés l'autre

____

(1) Le traité du sieur Jay, arrivé à Philadelphie après la clôture du Congrès , donnera le tems aux membres de la chambre des représentans d'en méditer les articles et d'exposer, à l'ouverture prochaine de leur session, les griefs de leurs commettans contre l'Angleterre , dans les débats qui doivent précéder la ratification. Ce retard fournit aussi à la France l'occasion d'opposer à cette ratification, et de faire valoir pendant ce tems, la mémoire de ses anciens bienfaits, et l'intérêt présent des Etats-Unis.

toutes les prises Danoises, sans daigner à peine entendre les causes, et si le cabinet de Londres persiste dans ses déclarations faites à Copenhague, s'il continue de traiter la neutralité du Dannemarc de *partiale et d'illu- soire*, et de menacer qu'il ne se départira point des principes qu'il a suivis jusqu'ici ; alors il ne restera plus d'autre moyen aux cours neutres que de faire sortir une seconde fois leur escadre, de convoyer leur vais- seaux, de les protéger efficacement, et d'avoir soin de l'honneur de leur pavillon. Cette me- sure sera d'autant moins hasardée que la France, non plus assiégée dans son territoire, mais victorieuse par-tout, pourra aujourd'hui appuyer puissamment ses amis, loin d'avoir besoin de leurs secours. La Suède, à la vérité, n'a point été traitée avec la même rigueur que le Dannémarc ; mais cette modération qui tient à un évènement particulier, ne sauroit être de longue durée. Il est à souhaiter que la Suède ne cesse point de faire cause commune avec le Danemarc. L'état des choses dans ce dernier pays n'est point si favorable. Il y a deux partis à Copenhague ; l'un est Russe et l'autre est An- glais : celui qui est dans les charges maintenant est le parti Anglais avec le comte de Bernstorff à sa tête ; mais ce ministre, bien qu'il estime l'influence Britannique, moins pernicieuse au Danemarc que l'influence Russe, ne trouve point qu'il faille pour cela obéir implicitement au cabinet de Saint-James ; il a osé résister aux sommations dictatoriales que ce dernier lui a faites à diverses reprises d'abandonner son système pacifique, avec une fermeté qui ne peut être assez louée, et d'autant plus généreuse qu'il a des possessions considérables dans l'Electorat d'Hannovre, et un intérêt personnel de ménager le roi de la Grande-Bretagne ; c'est à sa gloire que le Danemarc est resté neutre jusqu'ici. Mais malgré son système anti-Russe, l'Angleterre le hait comme elle hait tout ceux qui ne sont point ennemis de la France, et oublie qu'il a été toujours porté pour elle ; tandis que de l'autre côté le parti Russe se fortifie contre lui, et cherche à le culbuter.

Après plusieurs mois de tranquilité, l'Angleterre reprend aujourd'hui son ancien projet de gêner le commerce des grains vers la France, et de maltraiter les neutres plus qu'elle n'a fait encore ; afin de réduire la France par la famine. Chaque nouvelle qui vient de Paris, et qui confirme le manque de pain dans cette Capitale, réjouit le cabinet de Saint-James, et le fortifie dans sa barbare espérance d'affamer la nation Française avant la moisson. Il a stipulé pour cet effet contre une rétribution pécuniaire dont le genre n'est pas encore connu, mais qui sera probablement un emprunt, le secours de la Russie ; celle-ci outre une flotte de douze vaisseaux

de ligne et de huit frégattes qu'elle tiendra
à la disposition de l'Angleterre, s'engage à
surveiller le Danemarc et la Suède, et à
saisir leurs bâtimens chargés de bled. Pendant ce temps, les flottes Anglaises tiendront
la mer pour intercepter les convois de l'A-
mérique et les transports de la Méditerranée.
Ils périront, ces Français qu'on n'a pû vaincre
par les armes, ou du moins ils verront périr
à leurs yeux leurs femmes et leurs enfans,
sans pouvoir leur donner du secours !

L'on doit savoir gré à la Prusse d'avoir
brisé le joug Anglais qui pesoit fortement
sur elle sous l'ancien ministére du comte
Hertzberg. Les longues perfidies du cabinet
de Saint-James ont appris à la cour de Berlin
à se défier d'un allié aussi égoïste, et son
ton de hauteur ne pouvoit guères réussir
long-temps auprès d'une puissance toute mi-
litaire, accoutumée à chercher son salut dans
les armes, et à n'avouer d'autre maître que
la fortune de la guerre. Aujourd'hui leurs
liaisons sont rompues par le refus du ministère Britannique d'acquitter les trois derniers
mois de subsides, stipulés par la convention
de la Haye. Si ces deux puissances qui se
sont tâtées assez long-temps pour devoir se
connoître réciproquement , eussent repris
leurs liaisons premières, c'eût été un grand
malheur pour la Prusse qu'elles auroient
retenu dans une guerre impolitique et rui--

neuse ; évènement qui dans le nouveau systême politique où les cabinets Européens
vont entrer, ne peut être regardé comme
probable. Beaucoup de choses resteroient à
dire s'il s'agissoit ici d'entrer dans de longs
détails diplomatiques sur les liaisons entre
les cours de Berlin et de Londres ; l'on y
vertoit un systême suivi d'ingratitude et de
perfidie de la part de cette dernière. Je regarde la Prusse comme étant après la Russie
la seule puissance où l'orgueil Britannique
se soit brisé, et où, dans la soumission et la
torpeur universelles de l'Europe, ses projets
ayent échoué, et ses prétentions ayent été
traitées avec le dédain qu'elles méritent.

Entre les puissances que l'Angleterre a
exhortées et encouragées à la guerre contre
la France, la Prusse a été une de celles qui
se sont le moins laissé aveugler par elle,
et la seule qui, observant la tournure des
évènemens, pût se ménager un rapproche-
ment avec la Convention nationale. Les ministres Britanniques, obligés de laisser tranquillement le roi de Prusse s'arrondir en
Pologne, virent dès lors qu'il étoit perdu
pour la coalition ; ils resolurent pour le maintenir dans la ligue, de le payer, croyant lui
faire oublier ses intérêts et sacrifier sa monarchie à ceux de l'Angleterre ; et lorsqu'ils
virent qu'ils n'y réussissoient pas à leur gré,
et qu'ils ne pouvoient faire adopter à des

généraux expérimentés des plans de campagne digérés par des gens de loi, ils arrêtèrent le paiement des subsides. Le roi de Prusse constant à suivre l'intérêt de son pays a fini par faire sa paix avec la France.

Comme cette paix est un des objets les plus désirables pour les deux pays, je dirai ici ce qu'il me paroît de l'avantage que l'un et l'autre trouvoient à se lier plus étroitemeut. Dans l'hypothèse d'une alliance défensive entr'eux, je pense, que d'un côté la France est intéressée à rendre le roi de Prusse très-puissant. car la situation de ce dernier est telle, qu'il n'est ni assez éloigné pour ne pas pouvoir combattre en faveur de son allié, ni assez voisin pour avoir avec lui des sujets de querelle ; d'un autre côté, plus la France le rendra puissant, plus elle peut tirer avantage de son alliance, ce qui ne sauroit jamais lui arriver avec aucun autre allié quelconque. Toutes les forces que la France donnera à la Prusse, elle ne les aliénera pas entièrement, elle les placera, pour ainsi dire, dans un dépôt où elle les retrouvera et où elles seront bien gardées. D'ailleurs, elle s'attachera la fortune de la Prusse, qui a jusqu'ici, guidé cet Etat vers la grandeur, et abattu tous ses ennemis. Il me semble qu'on peut expliquer aux Empires dans leurs rapports extérieurs, la remarque que les Economistes ont faites sur leurs forces intérieures, et je demanderai la permission de hazarder une idée que je m'attends d'avance à voir traiter de paradoxe.

Le monde politique comme le monde physique est dans un mouvement perpétuel, ni l'un ni l'autre ne connoissent le repos. Entre les diverses puissances les unes sont dans un état de progression, les autres dans un état de stagnation, les dernières dans un état de déclin. Celles-là sont dans un état de progression qui étant nouvellement fondées, et n'ayant pas achevé de se former, ont en elles un puissant ressort pour s'agrandir, elles sont visiblement secourues par leur destin, qui est d'être grandes après que d'autres l'ont été, elles paroissent sentir que leur tour est arrivé. Les puissances qui se trouvent principalement dans cette situation sont la Prusse et la Russie, aussi ont elles depuis peu pris des accroissemens très-rapides, auxquels la fortune a eu autant de part que le génie de ceux qui les ont gouvernées. Celles qui se trouvent dans un état de stagnation sont les puissances qui, étant parvenues à la grandeur qu'elles peuvent comporter, n'ont plus de pas à faire en avant, mais s'arrêtent un tems, après lequel elles rétrogradent; car l'histoire de tous les pays montre que la prospérité d'aucune nation ne sauroit être éternelle. C'est dans cet état de stagnation que se trouvoit la France, et telle est aussi

la situation de l'Angleterre. Quant à la France,
elle s'est redonnée la jeunesse par sa révolution, et elle a acquis par ce moyen, comme
par l'art magique que Médée pratiqua sur
Eson, toute la fraîcheur et toute la vigueur
du premier âge. L'Angleterre est parvenue
au zénith de sa grandeur en 1716, et depuis
elle s'est plus ou moins arrêtée, le règne du
roi actuel étant plutôt remarquable par des
revers que par des succès, témoin la perte
de l'Amérique-Unie, des Florides et de Minorque, pertes qui ne sont compensées par
aucune acquisition importante : la guerre
actuelle est la pierre de touche de l'état où
elle se trouve, et montrera si elle est assez
mure pour tomber ou si elle a conservé assez
de vigueur et de jeunesse pour surmonter
cette crise; son énorme dette nationale,
l'augmentation annuelle de taxes déjà insup-
portables, et le despotisme vers lequel elle
se précipite, semblent lui présager un déclin
rapide ou une révolution, car depuis celle
de 1668, les ressorts de son gouvernement
intérieur sont usés, aussi bien que sa puissance
extérieure qu'elle a trop fatiguée en peu de
temps, et dont elle a trop abusé. Les Empires
qui sont dans un état de déclin, sont ceux
qui ont épuisé leur vigueur par une longue
existence, la décrépitude survient, elles se
voyent abandonnées de leur génie, elles sont

blessées à mort et prêtes à subir la loi invariable de tous les êtres, qui est de mourir après avoir vécu. Tels sont l'Empire Germanique, l'Empire Ottoman, la puissance Papale, et à certains égards l'Autriche et l'Espagne. Tous ces Etats ne peuvent même plus se soutenir par une révolution qui en renouvellât les ressorts, ils périroient dans la crise; j'en excepte l'Espagne qui a conservé assez de vigueur pour pouvoir se remonter et supporter l'opération par laquelle elle peut, à l'exemple de la France, se redonner la jeunesse. Les forces n'y sont pas épuisées, mais dormantes ou éparses, et dès qu'elle voudra se réveiller et les concentrer, en retranchant de sa vaste monarchie les parties superflues qui l'affoiblissent et en arrêtent la marche, il dépendra d'elle de redevenir plus puissante qu'elle ne l'a jamais été.

Il découleroit de ce système, si on veut l'admettre, plusieurs vérités nouvelles en politique. Les puissances apprendroient à suivre leur génie et leur destinée et à ne jamais les contrarier : celles qui se trouvent dans l'état d'ascendance verroient qu'elles ne peuvent rien gagner par la guerre entr'elles, et qu'elles ne sauroient jamais, comme deux diamans qui se frottent entr'eux, que se consumer en vains efforts l'un contre l'autre, la nature des choses ne voulant pas qu'aucune d'elles périsse, mais que l'une et l'autre prennent de l'accroissement ; au lieu que si elles s'attachent à s'arrondir aux dépens de celles qui sont de dans un état de décadence, aidées leur fortune qui les porte à s'élever et de la fortune des autres qui les conduit à leur chûte, elles marchent rapidement vers la grandeur ; elles ont à espérer des avantages durables sur celles-là, et succéderont à ces empires pour lesquels le tems de la dissolution est venu, et qui doivent avoir des héritiers.

Dans les contestations entre deux puissances, où il s'agit de la mort politique de l'une ou de l'autre, j'observe qu'il arrive toujours que celle qui est la plus nouvelle et pour ainsi dire la plus jeune l'emporte ; car elle a plus de principes de vie, elle est plus entreprenante et elle est favorisée par la nature des choses qui veut que les anciens empires se détruisent et que les nouveaux se forment. Telles furent les conquêtes de Cyrus ; c'est ainsi que la puissance nouvelle de la Macedoine a conquis d'abord les républiques de Grèce dont le ressort étoit usé, puis renversé l'antique empire de Perse ; que la république Romaine, plus récemment fondée et par conséquent moins corrompue, a anéanti la république la plus ancienne de Carthage ; et c'est ainsi également que la France après s'être rajeunie renversera toutes les auciennes monarchies qui s'attaqueront à elle.

Quaudoquidem data sunt ipsis quoque fata sepulchris.

Je reprends l'énumération des Etats sur lesquels l'Angleterre exerce son influence. Ses projets ont avorté en Prusse, mais il n'en est pas ainsi de l'Autriche ; et cette circonstance seule prouve que la monarchie Autrichienne est plus épuisée que la monarchie Prussienne, et qu'il s'en faut que ces deux rivales soient dans la même situation. L'épuisement d'hommes et d'argent où se trouvent les Etats héréditaires de l'empereur lui dictoit la paix ; le génie conquérant de ses ennemis et le destin de la France, vainqueur de sa fortune, la lui dictoit aussi. Après tant de pertes dejà faites il n'y avoit que de plus grandes pertes à attendre, et avec une perspective aussi peu favorable, la sagesse conseilloit la retraite. Tels paroissent avoir été après une longue indécision les projets du ministère de Vienne, lorsque la sanguinaire cour de Londres, insatiable de carnage, vint rompre ces salutaires résolutions, promit de l'argent et dévoua l'Allemagne pendant une autre année aux fureurs de la guerre. On inspira à un prince foible et borné l'espérance, non-seulement de reconquérir les Pays-Bas, mais celle de conquérir l'Alsace et la Lorraine, au moyen de quoi il s'in-

demniseroit aussi amplement de ses pertés
que ses voisins l'avoient fait en Pologne;
tandis qu'on étoit dans le dernier embarras sur les mesures défensives à prendre,
on parloit de mesures offensives; au milieu
des désastres qui se succédoient rapidement,
on rêvoit de conquêtes; ce qui démontre
assez la démence du cabinet de Vienne et
l'ascendant que celui de Saint-James s'est acquis sur lui. L'Angleterre qui prévoit que la
France va faire la paix avec les puissances
assez sages pour la rechercher et tomber avec
plus d'avantage sur elle, et que la monstrueuse
coalition qu'elle a formée est prête à se dis-
soudre, cherche à se lier avec l'Autriche, et
l'embrasse pour tomber avec elle. Une somme
de quatre millions sterling va décider du sort
de la monarchie Autrichienne pour plusieurs
années et accélérer peut-être pour toujours
la ruine et l'écroulement d'un édifice élevé
avec des travaux immenses pendant plus de
cinq cens ans.

Si cet emprunt se fait (1), comme il y a
grande raison de le conjecturer, ce sera un
malheur pour la monarchie Autrichienne,
puisqu'il fera renoncer l'empereur dans ce

---

(1) Après de longues négociations et de nombreuses
difficultés cet emprunt a été conclu, au milieu d'une défiance mutuelle, et après avoir été souvent sur le point de
se rompre.
Note ajoutée.

moment à des conditions de paix, qui bien
que peu avantageuses dans tout autre circonstance, le sont néanmoins beaucoup dans la
situation désastreuse où il se trouve, puisqu'elles lui assurent du moins ses autres possessions héréditaires et qu'elles sont telles
après tout, qu'il ne pourra jamais en obtenir
de plus favorables; car on se fait illusion à
Vienne, et l'on connoît peu l'esprit du tems et
les progrès des peuples, si l'on pense que des
provinces familiarisées avec les principes de
la liberté et de l'égalité peuvent encore avoir
quelque chose de commun avec la domination Autrichienne. Les efforts que l'empereur
va faire encore ne peuvent donc qu'empirer
son état present, ils seront uniquement pour
l'avantage de l'Angleterre dont il jouera désormais le jeu en recevant son argent.

Mais c'est dans les petites principautés
d'Allemagne où l'or de l'Angleterre a le plus
de pouvoir, chez ces petits souverains mi-
litaires, qui comme autrefois les *Condottieri*
ou *Banditti* d'Italie, sont à louer pour
toute guerre, qui regardent la valeur comme
une marchandise, et dont le courage est
évalué en livres Sterling. A la bonne heure,
qu'ils vendent leur courage tant qu'il se trouvera des lâches qui l'achettent, à qui le leur
ne suffit pas, qu'ils se fassent payer le prix
de leur vie et courent la perdre; peu de
prix est attaché à celle des brigands et leur
sang n'est pas assez précieux. Mais qui ne

plaindroit les peuples, innocentes victimes
de cet infâme trafic, eux qui ne doivent connoître que le danger et jamais la rémunéra-
tion, eux qui, misérablement livrés à l'a-
cheteur, n'adoucissent le sort de leur vie
qu'autant qu'ils en hâtent le terme, et périssent de faim avec leur chétive paye, tandis
qu'ils font régorger d'or le trésor de leur
souverain. Comme un boucher accompagné
du berger va dans les vastes champs où paît
le paisible troupeau, il marque de l'œil et
de la main ceux qu'il veut qu'on lui livre,
il en stipule le prix; ainsi les Anglais mar-
chandent en Allemagne la vie des hommes
avec les coupables gouverneurs que les
peuples se sont donnés. *Nous avons, depuis
long-tems*, disent-ils, *notre marché en Allemagne.* (1) Juste ciel et quel marché donc ?
Est-ce d'animaux propres à vous nourrir,
ou de bêtes de sommes pour le travail de vos
terres, ou bien est-ce des productions variées
du fertil sol de la Germanie ? Non, c'est
d'hommes. D'hommes! un marché d'hommes! Abominables trafiquants de sang, vous

____

(1) *We have since a long time our market in Germany.*
La langue Française est trop noble pour rendre entièrement le sens de cette odieuse phrase, qui ne s'entend
bien que dans celle du seul peuple qui trafique du sang
de tous les autres.

achetez donc des hommes en Afrique pour les faire travailler, et des hommes en Europe pour les faire égorger. Monstres ruisselans du sang de l'humanité, puisse-t-elle tirer un jour de vous une vengeance éclatante, et laver dans le vôtre sa honte et son malheur! Généreux Germains, jusques à quand servirez-vous de gladiateurs à cette nation hautaine qui se joue de votre vie, jusques à quand votre courageuse et brillante jeunesse servira-t-elle d'instrument à ce peuple stupide et féroce, ou d'amusement, comme ses coqs de combat? Ou, si vous aimez l'or, allez, conquérez cette île que vos pères ont conquise, vous y trouverez les richesses du monde entassées dans de viles mains, dont elles ne sortent que pour l'ensanglanter. Brisez cet échiquier sur lequel se comptoit votre vie, et jusqu'à vos blessures, où chacun de vos membres étoit taxé comme ceux d'une bête féroce. Brûlez cette Banque, coupable instrument de la servitude du monde. Femmes Germaines jusques à quand ne naîtra-t-il de vous que des esclaves? Quand serez-vous épouses et mères d'hommes libres? Vous qui savez chanter d'une voix si tendre et si touchante, vos malheurs, et ces lugubres adieux de vos frères et de vos époux prenant un congé éternel pour aller dans un nouveau monde opprimer des peuples libres ou mourir sous leurs coups.

coups, (1) quand vos voix mélodieuses répéteront-elles les accens de la liberté? Voyez les citoyennes de France, quels héros elles ont enfantés. Ou bien, livrez donc aussi vos filles à ceux qui achetent vos frères et vos fils, du moins, vous, toucherez le prix de vos enfans.

Qui ne gémiroit de voir ainsi les intéressans peuples de l'Allemagne achetés et vendus comme du bétail, et ne servir que pour la boucherie? L'homme sensible qui a vu cette belle race d'hommes ne peut refuser son estime à ces infortunés, ni sa plus vive pitié à leur malheureuse situation. Dans ces belles contrées, même sous le despotisme qui les opprime, les hommes sont vaillans et robustes, bons, généreux, et doués de ce sentiment exquis qui les rend propres à ce qu'il y a de plus sublime dans les beaux arts, de plus profond et de plus abstrait dans les sciences. Les femmes y sont belles, douces et modestes ; et la simplicité des mœurs, inconnue chez les peuples commerçans et riches, a conservé son trône dans ces heureux climats si favorisés de la nature. Ces peuples également propres aux arts de la paix et de la guerre, à cultiver la terre et à la conquérir,

---

(1) Le départ des Hessois pour l'Amérique, air national extrêmement pathétique.

E

n'ont qu'un tort, mais un tort immense. C'est de ne pas savoir s'estimer eux - mêmes , et de regarder comme des êtres supérieurs à eux les tyrans qui les vendent, et les riches trafiquans étrangers qui viennent les marchander. Le noble orgueil leur est inconnu, mais ils ont la simplicité, et la naïveté de toutes les vertus. La liberté seule manque à tous ces avantages, je dis la liberté seule, puisque tous ces précieux avantages sont rendus inutiles et nuls par le despotisme , et puisque ces hommes qui , sous un gouvernement libre , pourroient être le modèle et l'envie des nations étrangères , ne sont aujourd'hui que l'objet de la plus profonde pitié , même des peuples les plus malheureux; car aucun ne l'est plus qu'eux.

Si nous voulons comparer ce peuple à celui qui se joue de sa vie, et semble le traiter comme étant au - dessous de l'humanité , quelle différence ne trouverons - nous pas dans l'estime que mérite l'un et l'autre, et dans le sort que l'un et l'autre éprouve? Quel renversement dans nos idées! L'un doué des plus belles qualités, qu'il ne semble pas connoître, et dont il paroît ignorer le prix , et méritant tout honneur; devient par quelques unes de ces qualités même, son innocence, son courage et la docilité, la victime de celui qui, fier de ses crimes, de sa corruption, et de sa dureté, mérite toute horreur.

Comme dans les familles particulières on observe, que les enfans du même père n'ont pas toujours la même physionomie, ni le même caractère, de même entre les grandes familles politiques du genre humain chacun des individus qui la composent a un caractère et des traits particuliers. L'un est doux, ingénieux, plein de courage et de docilité, mais sa modestie qui approche de l'humilité, ne lui permet pas de se sentir suffisamment. L'autre, ardent, fier, impétueux, doué du génie de la supériorité, est capable du plus sublime enthousiasme et achève des entreprises qui paroissent au-dessus de l'humanité; il est né pour être moins l'exemple que le chef des autres, et occupe la première place que personne ne lui conteste; sa générosité fait tolérer sa gloire. Un troisième est sombre, dur, sans goût pour les belles choses, uniquement livré au calcul du trafic, cherchant à attirer tous les biens à soi, et n'ayant d'ambition que l'avarice; il reussira à s'enrichir et il deviendra fier de ses richesses, il nourrira dans son cœur la tyrannie qu'il exercera avec une froide cruauté, et son égoïsme lui fera croire que tous doivent lui être sacrifiés. Il cherchera quelque jour à dépouiller ses frères, mais, l'un d'eux le vaincra et lui pardonnera.

Je puis supprimer l'application de ces caractères; car qui ne sent que je veux parler de l'estimable et brave Germain , du sublime Français , et de l'avide et dur habitant des îles Britanniques ?

Comme je me suis proposé dans cet ouvrage de dénoncer l'influence pernicieuse de la nation Anglaise sur les peuples du Continent, il ne sera pas absolument hors de mon sujet d'attaquer le prestige par lequel elle règne, et le fantôme de réputation qu'elle s'est crée en Europe. Cette disgression , si c'en est une, contribuera peut-être en même tems à hâter la destruction de l'Anglomanie, dont on semble, au reste, revenir rapidement dans le Continent, depuis quelques années que la guerre présente dure. Je dirai, pour cet effet, quelque chose du caractère national des Anglais , non tel qu'ils ont eu l'art de le faire peindre par des écrivains gagés , mais tel qu'il paroît être aux yeux d'un homme , qui est au-dessus du besoin de les flatter, et qui les juge.

Une nation est une multitude d'hommes qui vit rassemblée, qui parle la même langue, obéit aux mêmes loix , et a des intérêts communs , comme corps collectif, dans son rapport avec les étrangers ; par une suite de ces relations diverses entr'eux , il doit se former une série égale de pensées, sur plusieurs objets, dans les différens individus de cette multitude : par cela même qu'ils sont rassemblés dans le même endroit, ils sont frappés par les mêmes objets extérieurs et sous l'influence des mêmes causes physiques ; la faculté de parler la même langue leur donne la facilité de se communiquer entr'eux , et de s'instruire réciproquement, c'est-à-dire, de produire une ressemblance de pensées les uns dans les autres : enfin l'obéissance aux mêmes loix les modifie tellement qu'ils prennent non-seulement des idées semblables , mais identiques sur les objets sur lesquels ces loix portent.

La ressemblance produite par toutes ces causes dans les idées des individus qui forment la nation, constitue le caractète national. Ce caractère est différent du caractère particulier de chaque individu ; même, on peut dire, que les différens caractères particuliers ne forment pas les élémens du caractére national: celui-ci est indépendant des premiers, bien qu'il découle en dernière analyse des mêmes principes ; mais il est différemment modifié dans son progrès, et il est peut être différent dans son essence.

Plus les causes, dont j'ai parlé plus haut, agiront avec force , plus le caractère national sera renforcé ; or ces causes agiront avec plus de force à mesure qu'elles agiront avec plus de liberté , et qu'il y aura moins de réaction de causes étrangères. Il s'ensuit de-là que les habitans d'une île , où ces causes agissent seules , et avec plus de souveraineté , doivent avoir un caractère plus marqué que les peuples du Continent.

E 3

J'examinerai d'abord rapidement l'influence qu'une situation insulaire, et le climat de la Grande-Bretagne, *cælum crebris imbribus ac nebulis fædum*, doivent avoir sur une nation ; puis j'indiquerai en peu de mots de quelle manière la forme du gouvernement Anglais, les richesses excessives produites par le commerce, des loix civiles féodales, et des loix criminelles écrites avec du sang, ont dû modifier ce peuple célébre, par lui-même, comme le premier peuple de l'univers.

On remarque d'ordinaire un caractère de dureté dans les insulaires ; soit qu'il leur vienne de la rudesse de l'élement qui les entoure, ou de l'indépendance où les met leur situation isolée, au moyen de laquelle ils peuvent braver impunément les peuples du Continent, et restent hors de leur atteinte ; soit que tous leurs sentimens étant concentrés dans leur île, qui est pour eux un monde séparé, ils ne connoissent de l'humanité que ceux qui habitent leur territoire, demeurent étrangers à tous les autres et les regardent comme ennemis. C'est pour cela aussi qu'on observe, qu'ils traitent leurs conquêtes avec une rigueur, qu'on ne trouve pas dans les peuples du Continent ; les conquis restent éternellement pour eux des étrangers, et comme la mer empêche qu'un incorporation de territoire n'ait lieu, une réconciliation sincère, et une véritable harmonie, entre le vainqueur et le vaincu, ne sauroient jamais s'établir ; la crainte et la défiance seront toujours le sentiment prédominant chez le premier ; il ne se croira sûr du vaincu qu'autant qu'il le tiendra courbé sous le joug, et immobile dans ses chaînes. Telle est la domination de l'Angleterre en Irlande ; et il est à prévoir, par les nombreux exemples de peuples conquis et incorporés, qui ont pris l'esprit du conquérant, que les Polonois deviendront, en dix ans, meilleurs Prussiens que les Irlandais ne sont devenus bons Anglais en plusieurs siècles.

Un autre trait distinctif dans le caractère des habitans d'une île, est une extrême avidité, qui vient de la pauvreté dans laquelle ils vivent ; le peu d'étendue de leur sol ne fournissant pas autant de moyens de subsistance qu'un grand Continent. C'est pour cela que tous les insulaires sont commerçans, ou pyrates ; les plaines de l'Océan sont les campagnes qui les nourrissent, et la mer produit pour eux des moissons. Ce besoin continuel, joint à la hardiesse qu'inspire naturellement le séjour de la mer, qui familiarise avec le danger, produit cette activité à entreprendre, et cette persévérance dans l'exécution, qui les caractérisent. C'est ainsi qu'une île favorablement située, attirera à elle le commerce universel, dès qu'elle aura pris un rang entre les nations, et qu'elle se sentira des forces

pour abattre le foible et pour résister au puissant, pour faire des conquêtes lointaines, et
inspirer de la terreur à ses voisins. Dès que
cet oiseau de proie sentira la force de ses
serres, il portera dans son nid solitaire et
inaccessible les dépouilles du monde.

S'il arrivoit qu'une telle île fut située, pour
ainsi dire, à la porte d'un grand Continent,
dont les diverses nations seroient naturellement belliqueuses; elle tireroit parti de cette
disposition pour les tenir perpétuellement
occupées entr'elles, afin que negligeant les
ressources du commerce et les entreprises
d'outre-mer, elles eussent toujours un grand
besoin d'elle. Sous ce point de vue, le voisinage d'une telle île seroit un grand malheur
pour ce Continent ; car le vent qui souffle
le feu de la discorde, et qui d'une étincelle
fait un incendie, vient de ce côté-là.

Si l'on veut accorder quelqu'influence au
climat; je dirai que celui de la Grande-Bretagne me paroît plus favorable à l'homme
physique qu'à l'homme moral. Les hommes
qui y vivent n'ont nulle aptitude pour les
beaux arts ; ils sont tristes et insociables, au
au rebours du Français, qui est celui qui
sait le mieux user de la vie; l'éloge contraire
lui appartient aussi, car c'estencore lui qui sait
le mieux mourir. Ils sont en général inca-
pables d'invention, et n'ont point cet esprit
philosophique qui généralise ; ils semblent

être une classe d'hommes inférieure aux nations ingénieuses, vives et spirituelles qui
habitent le Continent, et qu'un sang plus
léger, et des fibres plus délicates rendent susceptibles du plus ardent enthousiasme, là où
un Anglais n'éprouve pas la moindre émotion,
et sort à peine de la froide indifférence dans
laquelle il passe sa vie. Cette différence fait
que ce dernier n'a pas assez de points de
contact avec les peuples du Continent, et
l'isole encore d'avantage : elle élève entr'eux
et lui un mur de séparation, tellement que
jamais une véritable intimité ne sauroit subsister entre un Européen et un Anglois, quelqu'égalité de rapports qu'on leur suppose
d'ailleurs. On peut dire d'eux ce qu'Homère
dit des Phéaciens : *Ce peuple n'aime point les
étrangers de quelqu'endroit qu'ils viennent, et
ne leur accorde point l'hospitalité. Son unique
souci est de parcourir les mers sur des vaisseaux
légers ; car Neptune lui a donné ce privilége.*
Vous pouvez vous flatter de trouver un ami
par-tout le monde, hors en Angleterre. Jamais vous ne surmonterez la barrière qui vous
sépare d'un Anglais ; jamais le cœur de ce
froid insulaire ne s'ouvre au sentiment de
l'amitié pour un autre que pour un homme
de son île. Vous inspirerez de l'intérêt à un
Indien, à un sauvage ; une nature commune
parlera à son cœur comme au vôtre, et lui
dira que vous êtes son frère, quoique des

mers immenses séparent le point de votre naissance ; mais jamais un Anglais ne s'intéressera sérieusement à quiconque n'est pas de son pays. C'est ce qui fait que les Anglais restent en tout dans le cercle de leur île ; leur politique, leur philosophie, ne sont que pour eux, (1) et jamais les nations étrangères n'entrèrent pour rien dans leurs spéculations sur ces deux objets ; ils sont pour eux le genre-humain. Qu'on compare les délibérations des assemblées souveraines de France et d'Angleterre. Dans l'une on s'occupa, dès les premières séances, du bien général de l'humanité, les premiers orateurs montrèrent dans leurs philosophiques débats, une bienveillance universelle, et ambitionnèrent la gloire de ne pas travailler exclusivement au bonheur d'une seule nation. Dans l'autre, quelque question qu'on traite, jamais l'orateur ne s'écarte de la ligne que lui prescrit l'intérêt privé de sa nation, et ce qui est très-remarquable, même Fox, qui a la tête plus philosophique, et le cœur mieux veillant qu'aucun de ses compatriotes, est constamment resté, pendant l'intéressant débat sur la

____

(1) Tout ceci est moins vrai des Anglais du tems de Bacon, que les Anglais de nos jours, que leur systême de commerce et de manufactures a corrompus et dégradés, en même tems qu'il les a isolés et énorgueillis.

révocation du *Test-Act*, qui fournissoit tant à la philosophie générale, dans le cercle étroit de la politique Anglaise, et dans son pays. (1) Entre leurs écrivains politiques modernes, dont la révolution de France devroit avoir étendu les idées, Godwin est le seul, qui ait osé sortir de son île, pour embrasser le genre-humain. Aussi n'est-il pas lu dans son pays.

La dureté des fibres, dont j'ai parlé plus haut, préserve les Anglais de la légereté et de l'inconstance dont ils accusent avec dédain une nation voisine, qui ne semble, en effet, avoir montré de la constance que pour la liberté. Mais cette qualité qu'ils s'attribuent,

-----

(1) Une autre différence très-remarquable qui existe entre ces deux assemblées, c'est que dans la première on a recherché en tout les principes, au lieu que dans la seconde on ne cherche qu'à s'autoriser par des exemples. On me répondra que l'assemblée de France, après avoir déblayé le terrein, formoit une constitution nouvelle, pour laquelle il falloit nécessairement remonter aux principes. Mais le corps législatif Anglais ne fait-il pas tous les jours des loix nouvelles, pour lesquelles il faut également remonter aux principes, quoiqu'il ne forme pas une constitution ? Ce n'est pas en comparant toujours le passé au présent qu'on fait des progrès : c'est en comparant un avenir possible au présent, qu'on améliore sa situation présente. C'est sur-tout en recherchant les principes qui sont les choses, et qui sont une source infinie de perfection.

véritablement avec quelque raison , n'est pas toute à leur avantage.

Ce que nous appellons communément solidité dans l'esprit , ou affermissement dans nos opinions , ne vient pas tant de notre force, que de notre foiblesse. Cette qualité tire sa source , moins de la sagesse avec laquelle nous avons fait un choix , et de la constance raisonnée avec laquelle nous nous y tenons , que de l'impossibilité où nous sommes , et de l'incapacité qui est en nous , d'en faire un autre , à cause des bornes de notre esprit , quelquefois à cause de notre paresse ; ce n'est pas à dire qu'il n'existe rien de meilleur que notre choix , mais que nous ne sommes plus en état de le voir. A un certain âge , nos opinions se forment , et nous y restons attachés pour la vie : cela ne prouve pas que ces opinions soient bonnes ; car , beaucoup de gens sont ainsi affermis dans des religions fausses , (si l'on veut supposer que les unes le soient plus que les autres) , dans des systêmes de politique erronés , et, enfin , dans des erreurs de tout genre ; mais il arrive qu'on nous tient compte de cette persévérance , parce qu'elle a un faux air de perfection , et qu'il faut bien , dans la vie , savoir à quoi s'en tenir , et qu'on puisse compter les uns sur les autres. Mais celui qui doute , qui examine , et qui change en conséquence de cet examen , approche plus de la perfection que celui qui ne sait plus changer, et qui, par conséquent, ne prend plus la peine d'examiner (1). Cette solidité dans nos opinions ne se forme en nous, que lorsque les années viennent à durcir, pour ainsi-dire, notre esprit, comme elles raccornissent nos fibres, et lui ôtent cette flexibilité et cette vivacité qu'il faut pour le travail du doute ; car le doute exige de l'esprit une agilité, et un mouvement rapide pour se déplacer, et se porter, tour-à-tour, sur les différens points de vue de l'objet. Ce mouvement devient pénible, et cette agilité se perd, c'est proprement la vie de l'être qui s'affoiblit ; l'arbre n'a plus assez de suc pour supporter d'être plié en différens sens : si vous voulez le plier, il rompt.

C'est à cette disposition de l'être intellectuel, qu'il faut attribuer la plupart des exemples de constance, dont nous sommes les témoins dans le monde ; c'est pour cela que nous avons vu tant de royalistes, en France, monter sur l'échafaut, en se glorifiant dans des opinions, pitoyables par leur absurdité, mais qu'ils alloient sceller de leur sang, et en traitant, avec mé-

---

(1) Telle est, à certains égards, la France flottante entre ses constitutions diverses, comparée aux peuples qui trouvent, que rien n'est plus commode que de n'en avoir aucune.

pris , un peuple entier de traître , pour avoir puni celui qui l'avoit trahi. Leurs idées étoient trop étroites pour qu'ils pussent comprendre la République ; ils crurent mourir en héros , et ils moururent en hommes bornés ; ils payèrent ce tribut à la foiblesse de l'humanité , dont ils ne mériteront point l'admiration , mais dont ils mériteront la pitié. --- Mais n'envions point cette consolation à des malheureux qui n'existent plus , comme aussi nous laisserons aux martyrs leurs couronnes ; car il est dur de dépouiller ceux qui se trouvent dans le dernier retranchement de la vie , du peu que la fortune leur laisse ; sur-tout quand le salut de l'état ne l'exige plus.

Il arrive aussi que les hommes bornés ont d'ordinaire, dans un plus grand degré , cette qualité qu'on appelle solidité ; parce qu'ils n'ont pas une assez grande abondance d'idées, pour concevoir un grand nombre de choses ; au lieu que les hommes d'esprit et de génie se distinguent par l'inconstance , quelque fois , au dire du vulgaire, l'inconséquence avec laquelle ils agissent. Une grande afluence d'i-dées agite leur esprit en sens contraire, comme les vents agitent la mer ; il y a en eux trop de principes de vie pour qu'ils puissent connoître le repos. Si nous suivons la progression de ces deux espèces d'esprits, et cherchons un degré ultérieur dans les uns et dans les autres ; nous trouverons que la solidité des premiers , en descendant d'un degré , aboutit à l'instinct des bêtes , car il n'y a rien de plus constant ni de plus invariable que leur choix ; et que le doute des autres , en montant d'un degré , se fixe et se résout dans un choix raisonné , fruit de l'examen universel de tous les points de vue de l'objet , et dont une intelligence supérieure est seule capable.

Si nous voulons transporter maintenant ces observations des individus aux nations, nous trouverons que les peuples orientaux , et surtout les Chinois, ont cette solidité des premiers et cette invariabilité, à un tel point, qu'ils ne paroissent presque pas susceptibles de perfectionnement ; et que la perfectibilité qui distingue l'homme de l'animal, semble leur avoir été refusée dans un dégré aussi éminent que les peuples occidentaux la possèdent. Ceux-ci au contraire sont parvenus à un grand dégré de perfection en toutes choses par la versatilité de leur esprit, et leur amour du changement. Ils ont du génie, dont le propre est de créer, au lieu que les autres n'ont que de l'instinct. C'est également par une suite de cet instinct, ou d'une intelligence plus obscure et plus bornée, que nous voyons vivre au milieu de nous le peuple Juif, invariablement attaché aux coûtumes de ses ancêtres, e. incapable, plutôt que manquant de la volonté, de prendre nos mœurs. *Quam vellent ! — At novies Styx interfusa coercet.* C'est

par cette raison que les Européens ont fait
tant de progrès dans les arts et les sciences,
tandis que les orientaux sont restés au point
où leurs premiers ancêtres les avoient laissés.
Telle est aussi l'origine de l'orgueuil de ces
derniers, et de l'extrême mépris qu'ils ma-
nifestent pour pour les autres nations : leurs
institutions leur paroissent excellentes : donc
toutes les autres. qui ne sont pas celles-là,
sont abominables. Ils ne voyent rien au-delà,
ni à côté. La source de toutes ces qualités,
de leur constance dans leur religion, de la
persévérance opiniâtre dans leurs mœurs, et
de leur orgueil national, est donc uniquement
le défaut de *compréhension*, c'est-à-dire, de la
faculté de comparer, dans le même dégré
où cette faculté existe chez les peuples d'Europe. Cela n'empêche pas que toutes les nations ne soit faites pour la liberté, car la
liberté, comme le messie des Chrétiens,
est venue, non pas pour un, ou *pour plusieurs,
mais pour tous* ; cela n'empêche pas non plus,
que tous les hommes ne puissent parvenir à
contempler dans toute leur grandeur et leur
simplicité, le vrai, et le beau idéal, et à s'élever
à la conception magnifique de la justice générale abstraite ; mais les uns y parviennent
plus rapidement, les autres avec plus de
lenteur.

Quoique cette différence ne soit très-marquée
qu'entre les Orientaux et les Européens, elle
ne

ne laisse pas de subsister jusqu'à un certain point entre les peuples occidentaux même. Le peuple Anglais a en comparaison des Européens, et surtout du peuple Français, plusieurs des traits qui caractérisent les orientaux comparés aux nations de l'occident. Premiérement la vénération superstitieuse pour tout ce que ses ancêtres lui ont transmis, au point que dans ses tribunaux il n'examine jamais si une chose est bonne ou mauvaise, juste ou injuste en elle-même, mais si elle a été faite, ou non ; ses loix politiques sont sujettes à la même régle que ses loix civiles et criminelles , et l'ordonnance la plus absurde passe sans contradiction dès quelle est appuyée par la doctrine des *précédents*, c'est-à-dire, des exemples : ce qui est bien plus extraordinaire; car les tribunaux doivent prononcer conformément aux loix écrites ; au lieu que la politique n'a d'autre régle à suivre que le salut général du peuple. Secondement son défaut de la faculté d'inventer ; car on sait que dans les arts il n'est capable que d'un travail assidu et uniforme, qui exige de la patience et de la persévérance ; et que dans toutes les entreprises, c'est toujours l'étranger qui fournit le génie et l'invention, et l'Anglais qui fournit l'argent. Troisièmement son inaptitude absolue pour les beaux, arts où je comprendrois même la poésie, si Pindare et Corinne n'étoient pas nés en Béotie ; et enfin quatrièmement son orgueil national , et son profond mépris pour tout ce qui est étranger.

Quand un tel peuple a eu depuis long-temps, par des causes accidentelles , et sur-tout par sa situation insulaire , et par la circonstance d'avoir été souvent conquis , et modélé par ses conquérans , un gouvernement proportion-nellement plus parfait que ceux des autres peuples , et qu'il reste néanmoins si fort au-dessous d'eux ; on peut juger qu'il manque d'une intelligence aussi vive et aussi claire que celle de ces derniers, ou que du moins il a une compréhension plus lente qu'eux ; puisque tous étant ou ayant été juśqu'à présent au-dessus de leur constitution politique , lui seul est constamment resté, et est encore au-dessous de la sienne.

Ainsi, jetté dans la forme d'une monarchie limitée , renforcée par une religion nationale et une hiérarchie aristocratique, il y restera jusqu'à la fin des temps ; et je pense que c'est une des plus grandes erreurs où les Français soient tombés , lorsqu'ils ont crû au commen-cement de 1791 que les Anglais étoient prêts à fraterniser avec eux : ils connoissoient peu la nation Anglaise qui avec tous les avantages qu'elle possède, n'étoit pas assez avancée pour une telle fraternisation. Personne n'a compris en Angleterre ce qu'il y avoit de sublime dans cette offre, et elle eut été déclinée par la na-tion , quand même le gouvernement n'eût pas

été si vivement intéressé à la repousser. (1)
Ce que je dis ici vient d'être récemment prouvé
par les procedures de haute-trahison contre
des hommes accusés d'idées républicaines ; il
a paru qu'aucun d'eux n'avoit élevé son esprit
jusques là, et qu'ils se bornoient tous à vouloit
un parlement intègre dans une monarchie limitée. Je suis tenté par cette raison de croire
que lorsque dans le cours des siècles l'Europe
sera couverte de républiques qui fraterniseront
entr'elles, l'Angleterre restera constamment ,
si la nation n'est pas conquise, une monarchie
limitée et exclue de cette fraternisation. Elle
demeurera alors aux yeux des peuples éclairés
de l'Europe, un monument gothique de l'ancienne barbarie, et servira constamment à leur
montrer l'immense intervalle qu'ils ont parcouru.

Que si vous donnez à un tel peuple, que la na-

---

(1) Ce que je dis ici souffre d'honorables excep-
tions. Entre ceux qui sont venus des deux bouts de la
terre adorer en France la liberté naissante, comme autrefois les mages d'Orient vinrent adorer le Messie au ber-
ceau ; il est venu d'Angleterre des hommes d'un rare
mérite, il est venu des femmes charmantes, qui ont
supporté avec plus de constance, que des hommes et
des Français, les orages de la liberté ; et n'ont pas
cessé de l'aimer, même dans le tems funeste et lugubre on
elle s'étoit couverte d'un voile ensanglanté, comme pour
épurer son sanctuaire, et éprouver ses amis, que cet
horrible aspect n'épouvanteroit point. On comprend
sans peine que je parle ici de l'intéressant auteur des
Lettres sur les Evènemens de France.

ture semble avoir à dessein isolé du reste du genre-humain, si vous lui donnez des richesses immenses produites par le commerce et les manufactures, dans lesquels il prospérera d'autant plus qu'ils seront les seuls objets dont il s'occupe, vous le verrez bientôt, enflé d'un orgueil insensé, tyranniser les nations du monde où il ne trouvera aucun ami, aucun parent, et qu'il considérera toutes comme devant être sacrifiées à son avidité exclusive, et à son égoïsme ; et ses loix civiles et criminelles renforçant encore cette adoration des richesses, parce que la vie des hommes, les vertus, les talens, la beauté, la jeunesse et la pudenr (1) seront estimées comme nulles au prix de l'or, et que tout proclamera chez lui la toute-puissance de l'or ; elles lui donneront, pour l'acquérir, une activité et une persévérance qui bravera tous les obstacles, et lui inspireront le mépris de la vie pour conquérir les trésors du monde.

C'est-là, dira quelqu'un, charger le portrait outre-mesure, et trahir de la partialité et de la

----

(1) Voyez les procès pour adultère et séduction dont les nouvelles de Londres sont journellement remplies. Le lecteur verra que dans cette esquisse rapide, je n'ai pû qu'indiquer les traits principaux du caractère national des Anglais ; les détails quelqu'intéressans qu'ils fussent et quelque peine qu'il m'ait couté de les supprimer, m'éloignoient trop de mon sujet.

haine dans un procès, d'ailleurs, que l'offensé seul doit juger. Il seroit absurde de haïr une nation, même celle qui hait toutes les autres ; mais je hais sa politique avide et sanguinaire, je hais son commerce fondé sur des guerres et nourri de sang ; je hais son influence désastreuse sur les peuples du Continent, parce que je hais tout oppresseur tyrannique, tout corrupteur insidieux, tout égoïste qui foule aux pieds l'humanité ; et parce que cent millions d'hommes sont plus à mes yeux que dix millions ; et, certes, cette haine n'est que trop fondée, quand on considère l'énumération faite, plus haut, des intrigues que la cour de Londres pratique, ou des violences qu'elle exerce parmi toutes les nations, et dans toutes les cours de l'Europe, et l'assujettissement universel de ce Continent à ses volontés.

Je laisse de côté les puissances de l'Italie, Naples, la Sardaigne et les Etats de moindre consideration qui, tous, ne nous présenteroient que le spectacle d'un esclavage plus abject et d'une soumission plus profonde aux ordres de l'Angleterre ; je passe sous silence la tyrannie exercée à Florence, et les forfaits commis à Gênes, contre la liberté et l'indépendance de nations souveraines ; et je me hâte d'arriver à la conclusion de tous les faits que je viens d'énoncer. Et cette conclusion frappante, quelle est elle ? C'est que l'Angleterre, qui ne parle que d'ennemi commun et

de cause commune, est elle-même , elle seule,
l'ennemi commun de toutes les puissances de
l'Europe ; et que , s'il existe une cause commune , c'est celle de toutes contr'elle. Nous
avons vu avec quelle audace elle s'est mise à
la tête des affaires de l'Europe , avec quelle
insolence elle traite les foibles , les intrigues et
les forces pécuniaires par lesquelles elle entraîne les plus puissans , et que les plus grands
empires ne sont , dans sa main , que les instrumens de sa gloire et de son ambition. Il
peut être démontré que , depuis la destruction
de l'empire Romain et la fondation des États
modernes, aucune puissance n'a jamais égalé la
sienne ; car que sont les conquêtes de Charle-
magne et de Charles Quint, en comparaison de
son influence universelle et du domaine de la
mer ? Ceux-là conquéroient des peuples et
s'en faisoient les gouverneurs ; l'Angleterre
conquiert les trésors des peuples et se constitue
ses pourvoyeurs : elle s'assure ainsi sur eux
une domination qui n'est pas moins réelle ,
car tout plie devant elle , tout lui obéit , parce que tout cède à la puissance des métaux
qui sont les signes de toutes les valeurs. De
quel droit sera-t-elle seule maîtresse de tous
les moyens , distributrice de toutes les denrées répandues sur le globe ? Le monde commercial est une république ; de quel droit en
fait elle une monarchie ? Le despotisme
politique marche à la suite du despotis-

me commercial ; l'un produit et nourrit l'autre ; nous l'avons trop éprouvé. Nous avons vu nos cours égarées et subornées par l'or de l'Angleterre , entreprendre et continuer des guerres désastreuses ; mener leurs peuples au carnage , et immoler des victimes sans nombre pour établir le despotisme que l'Angleterre chérit, et qui constitue sa splendeur et sa sûreté. Nous avons vu combien il coûte cher aux nations européennes , ce colosse démesuré de puissance dont les fondemens sont détrempés du sang des peuples. Nous avons vu l'Angleterre sacrifier tout à cet idole sanguinaire et ne connoître aucun ami sur la terre ? et qu'on ne dise pas que c'est-là un patriotisme louable dans un corps politique proportionellement mieux constitué que la plupart des autres ; c'est un patriotisme hostile contre tous les peuples , ennemi du genre-humain. Chacune des nations Continentales est intéressée à la prospérité de quelqu'autre ; l'Angleterre, seule, ne l'est à celle d'aucune : elle est jalouse de Gênes et de Venise , comme elle l'est de la France et de l'Espagne ; une avidité sans bornes , et l'égoïsme le plus révoltant constituent le caractère de la politique Anglaise et celui de toute la nation. Cet égoïsme naturel peut-être à des insulaires purement commerçans , est renforcé encore par l'orgueil national et par la haine dont ils sont animés généralement contre tous les

peuples : ils haïssent ceux qui sont puissans
et peuvent leur résister ; ils méprisent ceux
qui sont foibles et qu'ils dépouillent ; c'est
l'aristocratie de l'Europe , aussi hautaine ,
aussi insolente que celle des nobles, aussi
dure , aussi insensible , aussi froidement cal-
culante, que celle des riches. Cette aversion
particulière et ce dédain personnel , dans
chaque individu , sont encore surpassés par
le dédain et l'aversion générale comme nation. Des étrangers sont pour elle des ennemis ; personne ne doit prospérer qu'elle , et
l'Angleterre , seule , doit prospérer exclusivement au dépens de tous les autres peuples.
Que ne pourvoit-elle, dans l'envie qui la ronge ;
et pour appaiser la soif de la domination
dont elle est tourmentée , envoyer dans toutes les mers de l'Europe ses brûlots chargés de
matières combustibles ; et montés par de pa-
triotiques incendiaires , brûler Brest , Carthagène , Carlscrona et Reval, comme elle a
brûlé Toulon, alors son *grand objet national*
seroit rempli (1) ; cette grande conflagration
seroit , pour elle , le spectacle le plus superbe
et le plus agréable dont elle puisse jouir ;
alors son triomphe sera complet, et son atroce
ambition satisfaite.

---

(1) Sir Sidney Smith dans le compte officiel qu'il
rend de l'incendie du port de Toulon appelle cet attentat
this great national objet.

Après avoir démontré en général l'influence pernicieuse du cabinet Britannique sur les puissances du Continent, et les sentimens hostiles dont il est animé contr'elles ; je demanderai maintenant ce qu'ont gagné dans le cas particulier de la guerre présente celles qui s'y sont laissé entraîner par l'Angleterre, maintenant qu'elle est vaincue. Je demanderai ensuite ce qu'auroient gagné ces mêmes puissances dans le cas contraire, où l'Angleterre auroit été victorieuse ; et l'état actuel des choses suffit pour leur faire voir cette perspective dans un jour assez effrayant ; puisque toute vaincue qu'elle est, elle les brave et les insulte encore : et comme il est moins probable que jamais que le corps des souverainetés Européennes puisse se maintenir dans un parfait équilibre, et qu'il doit arriver toujours que l'une d'elles jouisse d'une influence prépondérante ; il ne seroit pas inutile de rechercher quelle différence il y aura pour l'Europe politique, et pour l'universalité des nations policées, dans le cas où cette influence seroit possédée par une puissance située au milieu du Continent et au centre des peuples civilisés, riche en territoire et de toutes les productions de la nature, abondante en hommes, formidable sur terre et sur mer, généreuse par le sentiment même de sa force intérieure, et par-dessus tout fondatrice de la liberté ; ou dans le cas contraire où cette influence seroit exercée par une puissance insulaire et isolée, n'ayant d'intérêts communs avec aucune, formidable seulement sur mer, sans population considérable, n'ayant pas assez de force pour protéger ses voisins, ou ses alliés, et n'en pouvant avoir la volonté, enfin dont le systême est de faire retrograder l'Europe vers la barbarie gothique et vers l'esclavage dont elle est sortie, afin qu'elle puisse toujours en être la dominatrice. L'opinion publique qui entraîne celle des cabinets, les vœux des peuples qui bientôt vont être des loix pour les souverains, et les lumières de la génération qui s'élève, décident d'avance cette question contre l'Angleterre.

Il n'est pas besoin de beaucoup de démonstrations pour prouver combien ont perdu les puissances que l'Angleterre a entraînées dans la guerre présente, soit par des menaces, ou par des subsides. La situation actuelle de l'Espagne, de la Hollande, de la Sardaigne doivent suffisamment faire déplorer à ces puissances l'aveuglement qui les a livré aux instigations de leur perfide allié. Qu'ont gagné l'Autriche et la Prusse pour avoir écouté les encouragemens et reçu de l'argent de l'Angleterre? Car c'est à l'Angleterre uniquement qu'il faut attribuer cette croisade contre la France, bien que l'Autriche et la Prusse ayent les premières pris les armes, tandis qu'elle affectoit encore la neutralité. C'est en Angleterre qu'on a commencé à sonner le tocsin

contre la révolution de France, par l'ouvrage
de l'orateur Burke , c'est en Angleterre que
se sont réfugiés les principaux coupables de
France ; et les auteurs du délabrement de ses,
finances y ont été accueillis et caressés. L'intérêt du cabinet Britannique étoit de faire
faire d'abord par d'autres la guerre à la France
avant que de la commencer lui-même ; outre
les nombreux avantages que présentoit ce
parti prudent et circonspect , entre lesquels
l'affoiblissement quelconque des puissances
Continentales, et le spectacle, toujours agréable à ses yeux, de la guerre dans le Continent,
ne doivent pas être oubliés ; il avoit besoin
de consulter et de préparer l'esprit de la nation
alors peu favorable à une guerre contre la
liberté , il avoit besoin , pour se déclarer
contre la France, d'un prétexte qui fut assez
fort pour faire taire les murmures de la nation
contre la rupture du traité de commerce ,
qui étoit sur-tout très - avantageux à cette
dernière , dans un moment , où la France
sans fabriques et sanscommerce achetoit tout
chez elle. Il falloit donc employer d'abord
des manœuvres sourdes et des moyens secrets
pour exciter la désunion dans l'intérieur de
la France, animer les puissances étrangères
contre la révolution , et attendre du tems que
ses projets hostiles fussent mûrs. Certes , Mi-
rabeau qui en-1791 craignoit la politique in-
sidieuse de ce cabinet , lui faisoit trop d'hon-

neur lorsqu'il semble se rassurer en disant :
*Mais cette politique est si basse qu'on ne peut
l'imputer qu'à un ennemi de l'humanité , et si
étroite qu'elle ne peut convenir qu'à des hommes
très vulgaires.* (1)

Dans ce tems même le prévoyant cabinet
de Londres , non content de faire une guerre
sourde à la France , méditoit contr'elle une
guerre ouverte, par laquelle il fondoit à jamais
sa prospérité commerciale et politique sur des
bases inébranlables , sur la destruction de la
France ; et écartoit à la fois de ses bords les
principes de la démocratie pure. Ses vues sans
doute étoient profondes : je reprends pour les
exposer les choses de plus haut.

Ennemie par systême de toutes les puissances
Continentales , mais sur-tout de la France , et
redoutant l'établissement d'une paix solide en
Europe , comme une calamité pour elle, l'Angleterre vit avec douleur se consolider en
1761 , le pacte de famille dont j'ai parlé plus
haut. Elle regarda ce projet comme une ligue
contr'elle, et fit tout pour le faire avorter ,
mais le projet étoit trop beau, trop grand ,
et ses avantages se faisoient sentir trop vivement , il réussit ; c'étoit une de ces combi-
naisons heureuses qui sortent de la nature
des choses, dont l'humanité profite sans avoir

---

(1) *Voyez* son discours du 28 janvier 1791.

contribué à les faire naître, et même sans les avoir prévues.

Le but constant de sa politique a été de rompre les liens de ce pacte qui, unissant les forces et les intérêts des deux grandes puissances maritimes, qui sont le plus en état de contre-balancer son ambition, et dont elle envie le plus les possessions ; et qui tendant, à la suite de la paix de Vienne, à maintenir une paix générale en Europe, lui étoit doublement désavantageux : mais il n'étoit pas aisé d'y parvenir ; la force intérieure du pacte de famille le protégeoit contre toutes les attaques du dehors.

Voyant donc l'impossibilité d'obtenir son but, mais ne perdant jamais son objet de vue, le cabinet de Saint-James se résolut à attendre du tems ce que ses efforts ne pouvoient produire, et à s'assurer en attendant, sur ces deux puissances, tous les avantages que les circonstances lui présenteroient. La foiblesse de la France, après la guerre d'Amérique, lui fournit l'occasion de gagner, sur un ministre qui vouloit mourir en paix et qui craignoit une nouvelle guerre pour sa réputation, un traité de commerce tout à son avantage. Le besoin qu'avoit la France de quelques années de paix pour mettre ordre à ses affaires intérieures lui fit donner les mains à ce traité, que dans la suite elle ne sera probablement pas fâchée d'avoir rompu par la guerre actuelle , et qu'elle se gardera bien de jamais renouveller.

L'année suivante l'Angleterre , mettant à profit la même foiblesse du gouvernement de France , dont celui-ci venoit , pour ainsi-dire , de lui faire la confession , lui enleva la Hollande : le roi dé Prusse eut l'honneur de cette conquète , l'Angleterre le profit ; et la reconnoissance de cette derniere , envers un allié qui venoit de lui rendre un si grand ser-vice , fut de le contrecarrer peu après dans l'acquisition de Dantzig et de Thorn. D'un autre côté elle humilia l'Espagne en faisant adroitement , d'une affaire de marchands , une affaire d'état , et s'assura sur cette puis-sance , qui sans confiance dans son allié craignoit une guerre qu'on ne lui auroit point faite , d'une communication avec le Mexique par la Californie , dont le moindre danger est le commerce interlope des Anglais avec cette possession Espagnole.

C'étoient là les coups de sa politique , en attendant qu'elle pût en réaliser le chef-d'œu-vre , et accessoires , pour ainsi-dire , à son grand projet. Ce fut le premier avantage que lui valut la révolution de France ; mais elle s'en promettoit bien d'autres de la tournure nouvelle que les affaires d'Europe alloient prendre , se proposant de modifier et de varier son systême selon l'exigence des cas , et d'o-béir aux événemens afin de tirer tout le parti

possible d'une crise où tout le gain pouvoit
être pour elle , et toute la perte pour les
autres.

Elle vit l'avantage avec lequel elle pouvoit
se servir des principes de cette révolution pour
aliéner l'Espagne de la France , et pour enflâ-
mer contre cette dernière les autres puissances
du Continent. Après avoir insulté l'Espagne,
elle la caressa; l'affaire de Nootka-Sound per-
dit son aspect imposant et devint ce qu'elle
étoit ; une vétille ; elle fut remise à des com-
missaires subalternes , et la décision ne sem-
bla plus intéresser le gouvernement Anglais.
Ce dont il s'agissoit principalement pour celui-ci , étoit de faire naître une rupture entre
la France et l'Espagne , et de prévenir que le
pacte de famille ne devint un pacte national.
L'exécution de Louis XVI servit principalement à animer son cousin Charles IV , et le
fit se jeter dans les bras de ses ennemis ; la
nation qui avoit exécuté elle-même un souverain , cria le plus contre ce qu'elle appeloit
l'attentat le plus atroce qui fut jamais commis,
jetta la première pierre, et se chargea de la vengeance. Ce fut le moment qu'elle choisît pour
se déclarer elle-même , après être restée assez
long-tems spectatrice, non-seulement pour
étudier et suivre les événemens, mais pour
leur donner l'impulsion qui lui convenoit.
Elle avoit eu le bonheur d'embrâser le Continent, tandis qu'elle sembloit encore neutre ,

et l'adresse de réserver toutes ses forces ; car l'armement contre l'Espagne et celui contre la Russie, pour l'affaire d'Oczakow, n'étoient que des menaces et ne devoient être que des menaces ; elle obtint sans peine ce qu'elle vouloit de la première, et n'en eut pas à céder à l'opinion populaire quant à ce dernier, jugeant qu'il ne falloit pas engager une guerre ruineuse, mais ménager tous ses moyens pour une guerre avantageuse contre la France affoiblie, dont l'occasion se présenteroit bientôt. Voyant donc la tournure que cette guerre prenoit, et que l'Espagne seroit pour elle, elle n'hésita plus à lever le masque, et, pour s'assurer contre tous les événemens, elle résolut de lier toutes les puissances à sa cause par des conventions multipliées, dont la stipulation principale étoit toujours que personne ne poseroit les armes que d'accord avec elle. Elle se mit à la tête de l'Europe, comme si elle y appartenoit, afin que l'Europe écrasât sa rivale et se déchirât elle-même ; c'étoit une espèce de guerre civile qu'elle alluma dans le Continent, et dans laquelle tout le profit étoit pour l'étranger. C'est dans cette vue qu'elle se chargea de diriger cette coalition formidable que nous voyons s'évanouir aujourd'hui devant les armées républicaines.

Certainement, si elle n'a pas triomphé, il ne faut pas s'en prendre au manque d'habileté

leté dans sès mesures et dans sès combinai‑
sons : jamais politique ne fut plus adroite
ni plus profonde ; jamais circonstances ne
parurent plus favorables. Elie est excusable ,
en quelque sorte, d'avoir compté sur la des‑
truction de la France ; mais elle n'a pas compté
sur les miracles de la liberté. Elle a réussi ,
dans un seul point, à tromper ses alliés :
que plus sévèrement elle les eut trompés ,
si elle eut été victorieuse !

Aujourd'hui les membres de la coalition ,
las des pertes qu'ils ont essuyées , et réveillés
du rêve de la conquête de la France , dont
l'astucieux cabinet de Londres les berçōit ,
s'apperçoivent qu'ils ont été les dupes de
l'Angleterre , dont ils ont joué le jeu. Elle
les trompoit en leur promettant des conquêtes
aisées ; elle les trompoit en leur peignant sous
un aspect si effrayant les principes de la dé‑
mocratie française , qui n'étoient à craindre ,
alors , ni pour l'Espagne , ni pour la Prusse ,
ni pour la Hollande , ni pour l'empereur
dans ses pays Héréditaires , ou même dans
ses états de Flandres : si depuis quelques unes
de ces puissances ont appris à les craindre ,
elles doivent l'attribuer à leurs premières
fautes , et sur‑tout à l'Angleterre ; enfin ,
elle les trompoit , en leur pariant sans cesse
de cause commune , tandis qu'au moment
où les armes combinées paroissoient favo‑
rables , elle abandonnoit cette prétendue

cause commune et voloit à Dunkerque ,
excluoit autant qu'elle le pouvoit l'Espagne
de Toulon , et des Isles conquises aux Indes-
Occidentales , et reste aujourd'hui, elle seule,
avec des conquêtes , lorsque tous ses alliés
ont perdu des provinces.

Maintenant, près d'être abandonnée, elle
va se trouver isolée vis-à-vis de son ennemi,
et chargée seule de continuer sa guerre ,
dont elle avoit eu l'art de faire une guerre
générale ; c'est en vain que l'opposition demande la paix , et reproduit sans cesse de
nouvelles motions dans les deux chambres
du Parlement, pour y faire prévaloir le systême de négociation ; elle ignore que la
situation actuelle de l'Angleterre ne lui permet point de négociations pacifiques ; qu'a-
près avoir commencé la guerre par ambition,
elle est obligé de la continuer par nécessité ;
qu'après avoir attaqué, il s'agit, pour elle ,
de se défendre ; qu'elle ne peut laisser subsister à côté d'elle la formidable République
de France, dont la destinée est de l'englou-
tir ; qu'il faut que l'une ou l'autre soit écra-
sée, et qu'il ne lui reste d'autre alternative ,
dans ce combat à mort, que de vaincre ou
de périr. C'est en vain que la nation, com-
plice de son gouvernement, soupire après
la paix, et implore le pardon des outrages
auxquels elle a connivé, ou auxquels elle
ne s'est pas suffisamment opposée ; la paix

ne peut être signée que sur les bords de la Tamise. La juste rétribution de tous ses crimes attend ce coupable gouvernement, et la nation payera cher son aveuglement ou sa mollesse. La nature, l'humanité et les droits sacrés de la guerre vont être vengés de la manière la plus éclatante, sur des mons‑tres, qui ont conçu le projet infernal de faire périr une nation entière par la famine ; vingt-cinq millions d'hommes, de femmes et d'enfans, dans les angoisses et les ago‑nies cruelles de la faim ! qui, dans leur rage frénétique, se flattent encore de la réduire par cet infâme moyen. Il a comblé la me‑sure de ses forfaits, cet atroce cabinet de Londres, froidement sanguinaire et impla‑cable par principe, qui, dans la guerre d'A‑mérique, n'a pas eu horreur d'employer le scalpel des sauvages contre ses propres com‑patriotes ; ce cabinet qui, flattant aujour‑d'hui par des espérances trompeuses les roya‑listes de France, et sacrifiant même l'or, qui est le dieu auquel il immoleroit le monde pour victime, est le seul coupable de la mort de tant de Français massacrés, fusillés, noyés ou exécutés sur l'échafaut, et qui n'a vu périr, dans ces scènes sanglantes, que des Français ennemis, en regrettant de ne pouvoir faire égorger toute la nation ; ce ca‑binet qui, au milieu de la désolation, des campagnes désertes et des villes fumantes du

Continent, des larmes, du sang et des cris
de désespoir de ses peuples, triomphe et
s'écrie avec joie : Périssez pourvu que je vive.

J'ai cru autrefois qu'il étoit possible, sinon de faire une paix immédiate, au moins
d'ôter à cette guerre ce qu'elle a d'envenimé,
dans le cas où l'Angleterre déclareroit, et
feroit déclarer par les puissances ses alliées,
qu'elles renoncent à opérer la contre-révolution en France, et cesseroient d'armer les
émigrés ; et de rendre ainsi la guerre présente
semblable à toutes les autres guerres qui se
font pour les conquêtes, et dont le propre
est de se résoudre, après un certain tems,
en négociation. Mais après avoir considéré
mon sujet avec plus d'attention, je trouve
que non seulement la plaie est envenimée,
mais tout le corps ; que ce n'est pas en fer-
mant une seule blessure que la guérison peut
s'obtenir, et qu'il faut, pour ainsi-dire, détruire le corps en entier pour lui redonner une
nouvelle vie : ces déclarations, et leur ac-
complissement le plus consciencieux, n'opé-
reroient qu'un effet partiel ; la haine seroit
peut-être ôtée, mais les plus graves raisons
de guerre subsisteroient. Tant de sang auroit
été versé en vain, et de la manière la plus
coupable, puisque rien ne seroit obtenu, si,
par pusillanimité, foiblesse ou ineptie des
deux côtés, on laissoit tomber les armes au
moment où elles doivent produire l'effet pour

lequel elles ont été prises ; en un mot , la situation des choses est telle que l'Angleterre ne peut demander la paix , ni la France l'accorder ; et que la paix , faite dans ce moment, seroit une source de calamités beaucoup plus grande que la continuation de la guerre actuelle. J'ai déjà indiqué , en deux endroits, les motifs qui empêchent l'Angleterre de demander la paix , et quels sont les principes sur lesquels le cabinet de Saint-James se conduit ; il me reste à expliquer ceux qui doivent détourner la France d'accorder la paix , dans le cas même où l'Angleterre , oubliant sa situation , voudroit la demander.

La France ne peut se flatter de faire , dans les circonstances présentes, une paix durable avec l'Angleterre , comme elle peut se promettre d'en faire une avec quelques puissances Continentales. Ses rapports , avec la plupart de ces dernières, sont tels , que la guerre étant finie il peut s'établir entr'elles , sinon une amitié étroite , au moins une réconciliation sincère de part et d'autre , soit par la considération de leurs intérêts communs contre l'Angleterre , soit par celle de leur éloignement physique ou de leur épuisement ; au lieu que dans ses rapports avec l'Angleterre il s'agit pour la France , non seulement de bien finir cette guerre , mais de mettre fin à la rivalité. Avec les puissances Continentales elle a une querelle comme le fort avec

le foible, ou comme les amis en ont entr'eux, dont la nature est d'être passagère, et qui n'est pas sans remède ; mais avec l'Angleterre, elle en a une comme avec un rival en forces, et comme avec un ennemi implacable, dont la nature est d'être éternelle, à laquelle il faut couper la racine de peur qu'elle ne recroisse, et qui n'a d'autre remède que l'extinction d'une des parties (1). *Non si deve mai lasciar seguire uno disordine, per fuggir una guerra ; perche ella non si fugge, ma si differisce a tuo discavantaggio.* Qui doutera que si la France pose les armes aujourd'hui, l'Angleterre ne les reprenne au premier moment favorable, et n'épie, pour cet effet, les divisions intestines de la République, ou ne les fasse naître? Qui croira qu'une réconciliation sincère puisse suivre une guerre qui ne sera pas finie, une querelle qui ne sera pas vuidée? Si la nation Françoise posoit les armes, l'Angleterre restant puissante, le royalisme renaîtroit infailliblement en France, où il existera toujours trop de matière hétérogène tant que la génération presente durera, et s'y rétabliroit bien

---

(1) En parlant d'extinction, je n'entends pas comme Machiavel, par son trop fréquent *spegnere*, celle de la nation, mais seulement la mort politique du gouvernement. J'ajoute cette note parce quelqu'un a sérieusement crû que j'en voulois à toute la nation Anglaise.

plus par des moyens sourds que par la force
ouverte ; la guerre seroit visiblement conti-
nuée au désavantage de la France, et de la
manière la plus dangéreuse, puisqu'elle ne
pourroit repousser cette attaque par la force.
Or, si celui avec qui nous faisons la paix
doit rester notre ennemi, il vaut mieux, et
notre propre conservation le demande, de
continuer la guerre jusqu'à ce qu'il puisse
être notre ami. La constitution républicaine
de France ne peut s'établir que sur la ruine du
gouvernement d'Angleterre ; telle est la nécessité terrible du moment, la nature impé-
rieuse des circonstances actuelles. Il faut que
l'Angleterre devienne République pour que
la France puisse être sûre d'elle, ou que la
France redevienne Monarchie pour que l'Angleterre soit en sûreté ; il n'y a point de milieu, et tel parti mitoyen que l'on voudroit
prendre, ne feroit que couvrir de cendres un
feu mal éteint, et répandre plus de sang.

Indépendamment de cette considération
majeure, tirée des circonstances singulières
où se trouvent les deux puissances belligérantes, et qui doit frapper également l'une
et l'autre, il en est une seconde assez forte
pour empêcher dans ce moment la France
de songer à accorder la paix, quand la première n'existeroit pas. C'est la régle générale qu'il vaut mieux continuer une guerre
commencée, et profiter du temps où le peuple

est encore en mouvement, que d'en recom-
mencer une nouvelle après un intervalle de
paix. Dans les cas où une telle paix s'est
faite, il n'y a jamais eu que le vainqueur
qui ait perdu à ce stratagême du vaincu ;
car les esprits se détendent, l'énergie tombe
chez le premier, par cela même qu'il se
croit sûr après la victoire, et plus il étoit
exalté, plus il se relâche ; au lieu que le
vaincu conserve toute son énergie, aug-
mentée encore par la honte et la rage de la
défaite, et ne respire que vengeance, tout
en se soumettant en apparence au vainqueur ;
plus les conditions du traité qu'il a fait sont
dures, plus il croit avoir raison de le regarder comme forcé, et de l'enfreindre
comme nul et non avenu.

Jusqu'ici la France a eu tout l'avantage,
et l'Angleterre tout le désavantage ; et cela
devoit être, quand même l'une et l'autre
eussent combattu à forces égales. Cet avantage consistoit principalement, en ce que la
France ne faisoit agir que des troupes nationales, au lieu que celles de l'Angleterre
consistoient, pour la plus grande partie, en
troupes auxiliaires et mercénaires. Or ces
troupes sont toujours inutiles ou dangereuses,
soit par leur jalousie contre les troupes nationales, soit par leur lâcheté ; les troupes
nationales qui sont mêlées avec elles, se
reposent sur elles du fardeau de la guerre,

parce qu'elles regardent leur vie comme déjà
vendue, et se relâchent ; les autres se reposent, avec plus de raison, sur celles-ci que
la guerre regarde, et ne montrent jamais un
véritable courage, dans une cause qui leur
est étrangère. Les troupes auxiliaires et mercénaires ont constamment ruiné ceux qui les
ont employées : la Hollande en est l'exemple
le plus récent.

La France continuera à jouir de cet avantage, puisque la cour de Londres veut poursuivre la guerre sur le continent au moyen de
200 mille Autrichiens, qui payés par l'argent
de l'Angleterre, doivent agir au printems pro-
chain, tant sur le Rhin qu'en Italie ; ces
troupes peuvent être regardées en partie comme
auxiliaires, quoiqu'elles vaillent mieux à certains egards que les auxiliaires simples, puisqu'elles combattent en même-tems pour leur
souverain, et qu'on a refusé nettement à Vienne
d'admettre des généraux ou des commis-
saires Anglais pour diriger les opérations.
Mais comme il sera difficile bientôt de dire,
quel est le terrein dans le Continent où l'Angleterre pourra faire agir des troupes de
terre, à l'exception de l'armée de l'Empereur, parce que les conquêtes des Français
ont presque fermé l'entrée du Continent aux
troupes de l'Angleterre, quoique point à son
argent ni à ses intrigues ; il conviendra de
rechercher ce qui arriveroit pour la guerre

de terre, dans le cas où le théâtre en seroit transporté dans l'ile de la Grande Bretagne ; car la France, n'ayant à se défendre que d'un côté dans le Continent, pourra employer ses forces à faire une invasion. Le gouvernement Britannique a 75 mille hommes de milice, (1) qui ne doivent point sortir de l'isle, mais je pense qu'il est difficile qu'il puisse se fier assez à ces troupes, jointes au débris de son armée du Continent, (ni pour la valeur, parce qu'elles ne sont pas exercées, ni pour la fidélité, parce que le gouvernement n'est pas aimé,) pour n'avoir pas besoin d'appeler des troupes étrangères dans le sein de l'Angleterre, au moyen d'un acte du parlement ; et alors la victoire n'en sera que plus aisée sur des troupes qui se haïssent. La bravoure des auxiliaires et des mercenaires sera dans ce cas, autant ou plus à craindre pour la nation Anglaise, que leur lâcheté, et elle tombera au pouvoir de son ennemi, par les mêmes moyens qu'elle aura pris pour s'en défendre.

-----

(1) C'est une remarque extrêmement importante que la France, au commencement de la guerre, a battu des armées réglées avec des milices auxquelles elle a inspiré une énergie particulière ; et qu'aujourd'hui, par un revers de médaille qui lui donne un avantage incalculable, elle a par-tout des armées devenues réglées à opposer à des milices nouvelles, soit en Espagne, en Angleterre, ou même en Allemagne.

Au surplus toutes les invasions ont réussi, et doivent réussir en Angleterre, quand elles sont vigoureusement entreprises ; les hommes n'y savent pas combattre sur terre ; ils sont trop riches pour ne pas préférer leurs trésors à la conservation de leur gouvernement ; ils sont divisés entr'eux ; et enfin, comme ils sont accoutumés à mettre toute leur sûreté dans leur situation insulaire, et dans leurs flottes, ils se croient perdus aussitôt qu'ils voyent l'ennemi dans le pays ; leur palladium est brisé, et dans leur frayeur ils n'ont plus d'empressement que pour se soumettre.

Joint à cela, que les Irlandois sont mal affectionnés, et n'attendent que l'occasion et un chef pour secouer la tyrannie, et le joug odieux sous lequel leurs pères ont gémi si long-temps, et qu'eux sont résolus de briser. Incapable de supporter davantage l'oppression qui recommence avec une nouvelle vigueur, et les insultes qui lui ont été faites, et voyant que le gouvernement Britannique vise à l'abolition du parlement d'Irlande, ou à une *Union* désastreuse qu'il craint plus que la mort ; le peuple d'Irlande a voulu émigrer, et chercher la liberté hors de sa triste patrie ; mais ces émigrations ont été sévèrement réprimées ; il se trouve aujourd'hui comprimé sous le joug, l'explosion est à la veille de se faire, et peut aisément être hâtée par un secours étranger.

Ajoutez encore que le gouvernement Britannique qui a voulu produire la famine en France, l'a produite en Angleterre même ; puisqu'il est vrai qu'au moyen des taxes accumulées et du manque d'hommes pour le labourage, la cherté des vivres est telle, que le peuple n'a plus les moyens d'en acheter, et se trouve réduit aux mêmes extrémités qu'on lui peint la nation Française ; il se voit obligé par la misère de se soulever dans plusieurs provinces, et de fixer le prix du marché. Telle est la nature de l'aristocratie, elle fait périr pour son utilité les ennemis et les amis, elle immole à sa conservation les peuples étrangers, et le peuple sur lequel elle règne. C'est ce qu'il s'agit de faire comprendre à l'aveugle nation Anglaise, qui est elle-même la première victime de la tyrannie pour le maintien de laquelle elle combat ; car son souverain ne cherche à triompher, que pour la dévorer.

Que si le gouvernement Anglais calcule sur les divisions intestines et sur la cherté du pain en France, qu'il produit lui-même, d'après ses aveux répétés, pour engager le peuple à se soulever contre la Convention, il sera bien permis au gouvernement Français de compter à son tour sur le mécontentement du peuple, et sur les divisions intestines en Angleterre, qui pour faire moins de bruit n'en sont pas moins réelles, la nation Anglaise n'étant ni si franche ni si prompte que la nation Française ; mais le branle une fois donné, qu'il vienne du dedans ou du dehors, et la nation une fois mise en mouvement, elle ne s'arrêtera point qu'elle n'ait completté l'ouvrage de la révolution dont elle a besoin.

Il me reste à dire, au sujet de l'invasion, que dans un pays qui a la plus grande partie de son numéraire en papier, il s'agit de marcher droit à la capitale, et non de se retrancher dans les places fortes des provinces ; car la capitale étant prise, le papier perd son crédit, et le gouvernement, dans quelque lieu sûr qu'il soit réfugié, se trouve sans ressources et sans revenus ; il n'a plus les moyens de payer les armées ni d'établir des magasins, et tout le pays est aussitôt soumis (1).

Mais loin de pouvoir songer à mettre fin à cette guerre, l'on peut dire : que si elle se résout en une guerre purement maritime , comme il y a grande apparence qu'elle le deviendra, soit parce qu'il importe à l'Angleterre de la rendre telle, soit parce qu'il ne reste plus de terrein en Europe où les troupes Anglaises puissent se battre ; l'on peut dire, qu'elle n'est pas encore commencée, et que l'on bâtit encore à Brest et en Hollande une partie des vaisseaux qui doivent servir dans

---

(1) *Voyez* Adam Smith. Wealth of Nations, liv. II, chap. II.

le combat. Dans ce cas, l'Angleterre aura, outre l'avantage d'une longue expérience de la mer, celui de n'employer que des troupes nationales, et la France sera obligee de se servir de matelots auxiliaires. Cependant malgré cet avantage, il est difficile de penser que l'Angleterre, réduite à elle seule, puisse se soutenir long - tems ; premièrement, les auxiliaires que la France employera sont aussi ardens dans sa cause, et portés d'une inimitié aussi violente contre les Anglais que des troupes nationales françaises peuvent l'être; les matelots Hollandais s'étant dans toutes les occasions parfaitement battu contre les matelots Anglais ; secondement, les ressources et les forces dont la France peut disposer, sont infiniment plus considérables que celles de l'Angleterre ; troisièmement, elle peut combiner avec la guerre maritime le projet d'une invasion, et porter la guerre de terre dans le cœur du pays ennemi. Néanmoins, la France ne doit se relâcher dans ce moment, moins que jamais, de la vigueur qu'elle a montrée jusqu'ici ; car il s'agit d'affermir sa tranquillité sur des bases éternelles ; entreprise qui sera difficile jusqu'au bout : l'énergie seule qui l'a fait triompher de l'Europe, peut la faire triompher complettement de l'Angleterre ; et rien n'est fait, si la puissance Anglaise n'est détruite.

Actum, inquit, nihil est, nisi Pœno milite portas Frangimus, et mediâ vexillum pono Suburrâ.

Si je me porte à dire des choses qui paroissent aussi dures ; ce n'est pas parce qu'il y a en moi un esprit de dureté ; mais parce que cet esprit est dans les choses présentes, et que les évènemens actuels ne sont susceptibles d'aucun remède doux , mais en requièrent un aussi fort et aussi violent qu'ils le sont eux - mêmes. Quand je parle de la nécessité de faire une invasion en Angleterre , je ne le fais que parce que je suis bien convaincu , que c'est le seul moyen de rétablir les anciennes liaisons , et de rouvrir la communication entre les deux pays. En effet , j'ai vu qu'on craint en Angleterre la communication avec la France , autant qu'une invasion de la part de la France ; puisque de quelque manière que les choses tournent , que la paix se fasse, ou que la guerre continue , les Français ne peuvent jamais être regardés que comme les ennemis de l'état présent des choses en Angleterre , excepté dans le seul cas où ils retomberoient sous la monarchie ; et que la rentrée paisible des Français , imbus de principes qu'ils ont fait triompher, dans l'intérieur d'un pays en combustion à cause de ces mêmes principes, équivaudroit véritablement à une invasion hostile ; le marchand qui va pour affaires étant aussi dangereux à cause des vérités qu'il porte, que le soldat à cause des armes qu'il porte. Puis donc qu'une communication paisible équi-

vaut dans l'esprit de l'aristocratie et du gouvernement Anglais (et ils s'en sont souvent
expliqués) à une invasion armée ; ils vous
tiendront l'entrée de leur île fermée aussi
long-tems qu'ils le pourront, et éloigneront
la paix comme la plus grande et la plus ef-
ficace des hostilités ; car elle doit être le terme
de leur pouvoir. Or, comme il est impossible
de maintenir éternellement deux pays voisins
sans communication, et que la paix doit se
faire un jour ou l'autre, puisqu'on est fer-
mement résolu de ne pas vous permettre de
venir en Angleterre comme ami, il faut y
aller comme ennemi ; c'est le seul moyen
de rouvrir une communication nécessaire aux
deux pays, et d'accélérer le retour de la paix
également nécessaire à l'un et à l'autre ; car,
je vous le dis encore, vous aurez la guerre
tant que vos deux gouvernemens ne se res-
sembleront pas, et elle ne peut finir que
par la chûte du gouvernement Anglais, ou
du vôtre.

On voit par les moyens de guerre que le
gouvernement Britannique employe, qu'il
cherche à exclure à jamais la possibilité de
la paix, qu'il renonce pour jamais à la reconciliation avec la France libre : il regarde
la liberté qui s'établit dans le Continent,
comme le présage infaillible de la ruine de
la puissance Anglaise. Une seule île rivalise
avec tout le Continent; une seule île veut

le.

le maintenir dans l'antique esclavage, parce
que cet esclavage lui est nécessaire, et qu'elle
périt s'il devient libre. Pour obtenir ce but,
elle veut faire une guerre à mort à la France ;
parce que la France la menace d'établir dans
le Continent cette liberté avec un systême
de pacification, et de porter ainsi le coup le
plus mortel à l'Angleterre. Dans cette ex-
trémité, celle- ci ne se contente pas de re-
courir aux armes permises, aux moyens usités
de guerre ; elle assiége une nation entière
comme une forteresse, et veut la réduire par
la famine ; elle fabrique de faux assignats pour
ruiner le crédit de la France ; elle, qui est
commerçante par essence, viole tous les principes de commerce et de bonne foi qui existent
entre les nations. On assure que dans la
guerre d'Amérique, elle a versé dans les Etats-
Unis du papier faux pour des sommes immenses ; on l'assure, et ce qu'elle fait aujourd'hui, rend le rapport probable. La
Hollande est bienheureuse de n'avoir point
de papier monnoie ; ce seroit la troisième
puissance que l'Angleterre attaqueroit par de
fausses fabrications. J'avertis toutes les nations qui voudront se rendre libres, qu'elles
auront l'Angleterre pour ennemie mortelle ;
que l'Angleterre les combattra, non-seulement
avec le fer et le feu, mais par la famine et
la fausse monnoie. Dites-moi, maintenant,
si ce n'est pas le gouvernement Anglais qui

est l'ennemi commun de tous les peuples civilisés, lui qui, pour nous donner le change, ne cesse de répéter cette imputation contre la France ; si ce gouvernement ne doit pas être sacrifié au repos, à la sûreté, à la liberté de tous les autres, si ce sacrifice n'est pas devenu d'une nécessité urgente et universelle ?

Il me reste à parler des alliés de la Grande-Bretagne, et de ceux que la France pourra acquérir, quoique les deux combattans ayent en eux-mêmes des forces suffisantes pour décider leur querelle. Le fait est que l'Angleterre perd tous les jours les siens, et que ceux qui lui restent ne sauroient lui être fidèlement attachés, par les raisons consignées dans cet écrit ; je n'en excepte pas même la cour de Vienne, qui, par de nouveaux revers et son ancienne vacillation, reviendra au système de négociation que l'Angleterre lui a fait abandonner, et à qui l'état de ses provinces ne permet plus de lever cinquante mille hommes, sans user de violence, et sans enrôler des chefs de famille, tandis qu'elle en a promis, au moins, deux cents mille. Outre cela, le cabinet de Russie commence à parler, à ce qu'on assure positivement, de la nécessité de faire la paix avec la France, ce qui est d'un très - mauvais augure pour l'Angleterre (1). Quant à la France, elle n'a pas

____

(1) Je suis informé depuis que ce discours de la Russie n'est qu'une feinte, pour répondre à une autre feinte

besoin d'alliés dans la poursuite de cette
guerre, non plus qu'elle n'en a eu besoin dans
le commencement, sa force principale consis-
tera toujours en elle-même ; mais les circonstances lui donneront tous ceux que l'Angleterre a eus et qu'elle a trompés, et que tout
interessera dans la cause commune de l'Europe contre la puissance Britannique ; les
victoires qu'elle a remportées jusqu'à présent
lui acquerront une préponderance nouvelle
dans les affaires du Continent, et elle sera
obligée de se mettre à la tête de celui-ci, même
quand elle ne le voudroit pas. L'intérêt mieux
entendu des puissances de l'Europe, sorties
de la coalition, sera de laisser la France
achever leur vengeance commune, et abais-
ser celle qui se vante d'être la protectrice
naturelle de l'équilibre des pouvoirs dans le
Continent, et qui prétend arrogamment
*qu'il ne doit pas se tirer un coup de canon
en Europe sans sa permission* ; ou de coopérer
à ce grand ouvrage, et de former une nouvelle coalition plus juste et plus sensée, par
les efforts combinés de laquelle l'Europe se

de l'Angleterre ; celle-ci sentant l'intérêt qu'a l'Impé-
ratrice à la maintenir dans la guerre, joue à Petersbourg
des sentimens pacifiques, afin qu'on lui accorde plutôt
les secours promis, tandis que par - tout ailleurs ses
ministres ne respirent que la vengeance et la guerre,
et ne parlent que d'écraser la France.

H 2

trouvera délivrée d'un ennemi , dont la politique est de la tenir constamment divisée , et
d'entraver sa prospérité. Alors on pourra se
promettre de voir des jours de paix arriver ,
et consoler les nations épuisées par tant de
guerres entreprises sans fondement , et ache-
vées sans utilité , et dont le seul but étoit
d'enrichir l'Angleterre.

Personne ne plaindra , dans sa chûte , la
puissance de la Grande-Bretagne ; mais toutes
celles qu'elle a opprimées ou insultées, dont
elle a accumulé depuis long-tems la haine
contr'elle , se réjouiront de sa ruine ; et celles
qui n'auront point à satisfaire les intérêts
d'une vengeance particulière , se réjouiront
encore de voir l'abaissement d'une puissance
barbare et tyrannique , et que la justice ait
atteint les crimes contre les droits de la guerre
et des gens , droits sacrés qui protègent les
nations , même dans les horreurs de la guerre
et sous le fer des conquérans , et dont la
conservation importe aux peuples civilisés ,
comme celle du plus précieux et du plus in-
violable des dépôts. La nation qui les viole
doit être l'objet de l'animadversion générale ,
et tout est juste contr'elle ; car , ou il existe
une conscience politique entre les Etats
comme une conscience morale entre les individus , ou il n'en existe point ; ou il existe
slo suix et des droits connus et reçus de tous ,
fondé des r cette conscience , ou ces loix et

ces droits sont nuls et non obligatoires. Dans le premier cas, la nation qui les a violés doit être punie comme du crime le plus énorme qu'elle puisse commettre, et, par la seule loi du talion, elle mérite la mort politique : dans le second cas, la force seule faisant le droit, et rien n'étant injuste en soi, rien ne le sera contr'elle, et un ennemi supérieur pourra user de représailles et la détruire, à plus forte raison qu'il le pourroit même, dans cette hypothèse, sans avoir été provoqué. Dans les deux cas, la nation Britannique ne peut se plaindre, si les projets faits en Angleterre, et avoués dans le parlement, pour anéantir la France, retombent sur elle ; et si le barbare systême de famine, par lequel elle a voulu réduire vingt-cinq millions d'hommes, est employé avec succès contre sept millions. Mais ces droits de justice rigoureuse ne sont pas faits pour être exercés par la nation Française ; son systême n'est point de vaincre et de tuer, mais de vaincre et de pardonner. Cependant, il n'est point inutile de rappeler ces terribles principes, afin d'inspirer une frayeur salutaire à ceux qui, à l'avenir, seroient tentés de constituer la seule force en droit, et de se jouer des liens sacrés qui garantissent l'existence des nations civilisées.

Une considération qui fera que toutes les

nations de l'Europe , et principalement les neutres , verront avec plaisir la destruction de la puissance Britannique , c'est la perspective effrayante du sort qui les attendoit, si l'Angleterre eut été victorieuse. Vaincue , elle les insulte et les brave sur leur propre territoire ; que ne fera-t-elle point victorieuse ? Sur les débris fumans de la République Française , elle fut marché à un despotisme général en Europe. Qui auroit pû résister au vainqueur de la France ? Le commerce des nations maritimes eut été anéanti , et elles n'eussent plus été que les facteurs de l'Angleterre : la mer a constitué jusqu'à présent le domaine de cette dernière ; alors elle y joindroit celui de la terre , et les nations qui ne sont point maritimes seroient également ses esclaves. Maîtresse de tous les objets de commerce , disposant seule des denrées coloniales de l'Amérique , et des productions des Indes-Orientales , tous les peuples seroient à sa merci. Accumulant seule , par ce commerce universel , toutes les richesses de l'Europe et les trésors des deux mondes , les nations indépendantes ne seroient plus que les instrumens de sa politique sanguinaire , et il n'y auroit plus de Souveraineté que la sienne. Un Anglais seroit en Europe , par la force de l'or, ce qu'étoit , par la force des armes , un citoyen Romain dans des provinces conquises.

Certes , alors la Monarchie universelle seroit réalisée ; alors l'Europe eut eu un maître , le maître le plus dur dans son égoïsme insulaire , et le plus impitoyable qu'elle pût jamais avoir ; et elle seule se le seroit donné !

F I N.